MusicGraphics

# Table of Contents

# *Editorial Note*

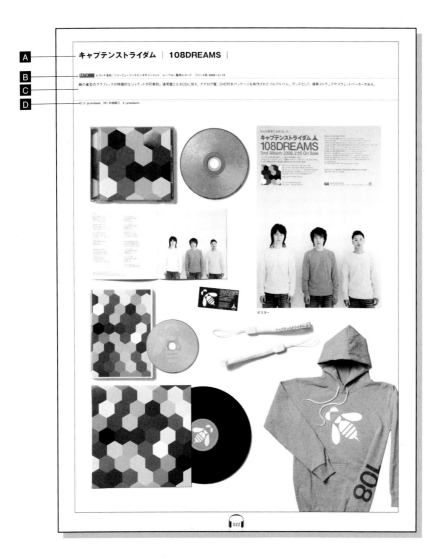

**A** アーティスト名 / CDタイトル / ツアータイトル
**Artist Name / CD Title / Tour Title**

**B** データ　DATA
レコード会社 / レーベル / リリース日 / ツアー開催期間
**Record Firm / Label / Release Date / Tour Period**

**C** デザインコンセプト　**Design Concept**
デザイナー、宣伝担当者などによるデザインコンセプト
Design concept as described by the advertising director or designer.

・コメント者が明記されていない場合は、編集部によるものです。
Please note that name of the advertising director or designer is not specified, it is by the editorial department.

**D** スタッフクレジット　**Staff Credit**
P  ：プロデューサー　Producer
A  ：エージェント　Agent
CD：クリエイティブ・ディレクター　Creative Director
AD：アート・ディレクター　Art Director
D  ：デザイナー　Designer
PH：フォトグラファー　Photographer
I  ：イラストレーター　Illustrator
DF：デザイン会社　Design Firm
S  ：作品提供社　Submitter

・上記以外の制作者呼称は省略せずに掲載しています。
All other production titles are unabbreviated.

・スタッフクレジットと作品につくアルファベットは、制作者を示す照合番号です。
The alphabet indicated after the works and the creative staff name, it is the reference number to show the person who is in charge of the work.

※掲載ツールは、制作した全てのツールではなく、その一部の場合もあります。
Pieces shown may represent only a portion of the entire series of promotional tools produced for the CD or Tour.

※作品提供者の意向によりデータの一部を記載していない場合があります。
Please note that some credit information has been omitted at the request of the submitter.

※各企業名に付随する、"株式会社、(株)" および"有限会社、(有)" は表記を省略させていただきました。
The " kabushiki gaisha (K.K.) and " yugen gaisha " (Ltd.) portions of all names have been omitted.

※本書に記載された企業名・商品名は、掲載各社の商標または登録商標です。
The company and product names that appear in this book are published and / or registered trademarks.

PIE BOOKS
2-32-4, Minami-Otsuka, Toshima-ku, Tokyo 170-0005 Japan
Phone: +81-3-5395-4811　Fax: +81-3-5395-4812
e-mail: editor@piebooks.com　sales@piebooks.com
http://www.piebooks.com/

ISBN4-89444-525-5 C3070
Printed in Japan

## ユニバーサルミュージック

### 忌野清志郎　103
1968年に結成したRCサクセションのヴォーカリストとしてデビュー。1991年、バンド解散後はソロ名義で活躍中。
http://www.kiyoshiro.co.jp/

### スピッツ　104
草野マサムネ、三輪テツヤ、田村明浩、崎山龍男
1987年結成。1991年3月、シングル「ヒバリのこころ」、ファーストアルバム「スピッツ」でメジャーデビュー。
http://spitz.r-s.co.jp/

### 福山雅治　106
ミュージシャン、俳優。1990年3月シングル「追憶の雨の中」でデビュー。
http://www.amuse.co.jp/fukuyama/

### 森山直太朗　108
2002年10月、ミニアルバム「乾いた唄は魚の餌にちょうどいい」でメジャーデビュー。
http://www.naotaro.com/index.asp

## HIPLAND MUSIC

### 小谷美紗子　109
1996年、シングル「嘆きの雪」でデビュー。これまでに8枚のオリジナルアルバム、14枚のシングルをリリースしている。
http://www.odanimisako.com

## DCT entertainment

### Dreams Come True　110
吉田美和、中村正人
1988年結成。1989年3月、ファーストアルバム「DREAMS COME TRUE」、ファーストシングル「あなたに会いたくて」でデビュー。
http://www.dctgarden.com/index2.html

### 吉田美和　112
1995年12月18日、ソロアルバム「beauty and harmony」をリリース。Dreams Come Trueと平行してソロ活動を行なっている。
http://www.dctgarden.com/MIWA/

## サーティース

### 毛皮族　114
ナオミ・カリフォルニア、町田マリー
立教大学演劇サークルでの活動を経て、2000年9月結成。エンターテイメント性溢れる、聖俗を取り込んだエロバイオレンスな熱狂的狂騒舞台が特色。
http://www.kegawazoku.com/

## ROSE RECORDS

### 曽我部恵一BAND　115
曽我部恵一、上野智文、大塚謙一郎、オータコージ
ROSE RECORDS主催の曽我部恵一がサニーデイ・サービスを経て結成。ソロ活動と平行してライブ活動を精力的に行なう。
http://www.sokabekeiichi.com/

## 東芝EMI

### フジファブリック　116
志村正彦、山内総一郎、加藤慎一、金澤ダイスケ
2000年4月結成。2004年4月、メジャーデビューシングル「桜の季節」をリリース。
http://www.fujifabric.com/

### 東京事変　121
椎名林檎、亀田誠治、双田綴色、浮雲、伊澤一葉
2003年の椎名林檎実演ツアー「雙六エクスタシー」に集結した5人が、2004年正式に「東京事変」として活動を開始。同年9月「群青日和」でメジャーデビュー。
http://www.toshiba-emi.co.jp/tokyojihen/index_j.htm

### GLAY　124
TERU、TAKURO、HISASHI、JIRO
1988年結成。1994年5月シングル「RAIN」でメジャーデビュー。
http://www.glay.co.jp/

### ウルフルズ　125
トータス松本、ウルフルケイスケ、ジョン・B・チョッパー、サンコンJr.
1988年結成。1992年5月シングル「やぶれかぶれ」で東芝EMIよりメジャーデビュー。
http://www.ulfuls.com/

## 東芝EMI／UME

### 175R　128
SHOGO、KAZYA、ISAKICK、YOSHIAKI
1998年結成。北九州を中心にライブ活動を開始。2003年1月シングル「ハッピーライフ」でメジャーデビュー。
http://www.175r.com/index_pc.html

## Roots

### AIR　130
1996年デビューアルバム「AIR」をソロミュージシャンとしてリリース。
http://www.air-net.mu/

## DREAMUSIC

### FUNKY MONKEY BABYS　132
ファンキー加藤、モン吉、DJ ケミカル
2003年12月結成。2006年1月ファーストマキシシングル「そのまんま東へ」でデビュー。
http://www.funkymonkeybabys.com

### bonobos　135
蔡 忠浩、佐々木康之、辻 凡人、森本夏子、松井 泉
2001年8月結成。2003年10月1日、ファーストシングル「もうじき冬が来る」でTeenage Symphony/DREAMUSICよりメジャーデビュー。
http://www.bonobos.jp

### ゲントウキ　138
田中 潤、伊藤健太、笹井享介
1995年、田中を中心に前身バンドを結成。2003年2月19日、マキシシングル「鈍色の季節」でTeenage Symphonyよりメジャーデビュー。
http://www.gentouki.com/

## セーニャ・アンド・カンパニー

### ゆず　140
北川悠仁、岩沢厚治
1997年10月ミニアルバム「ゆずの素」、1998年6月シングル「夏色」をリリース。
http://www.senha.jp/yuzu/

## ポニーキャニオン

### KREVA　146
2004年6月、KICK THE CAN CREWとしての活動を休止。同年9月8日にシングル「音色」で、ポニーキャニオン内レーベルのKnife Edgeからメジャーデビューし、本格的なソロ活動を開始。
http://www.kreva.biz/

## DAIZAWA RECORDS／UK PROJECT

### 椿屋四重奏　149
中田裕二、安高拓郎、永田貴樹、小寺良太
2000年に仙台にて結成。幾度のメンバーチェンジを経て中田(Vo&G)、永田(B)、小寺(Dr)の3人編成に。昨年は日比谷野外大音楽堂を皮切りに全国30公演のワンマンツアーを実施。今年3月に安高(G)が正式加入。遂に四重奏がそろう。
http://www.ukproject.com/tsubakiya/

## 初恋妄℃学園／UK PROJECT

### 銀杏BOYZ　150
峯田和伸、チン中村、安孫子真哉、村井 守
2003年1月結成。当初は峯田のソロ名義であったが、同年5月から現メンバーで本格始動。2005年1月、ファーストアルバムとなる「君と僕の第三次世界大戦的恋愛革命」「DOOR」を同時リリース。
http://www.hatsukoi.biz/

## MATSURI STUDIO

### ZAZEN BOYS　152
向井秀徳、日向秀和、吉兼 聡、松下 敦
2004年、アルバム『ZAZEN BOYS』『ZAZEN BOYS II』を連続してリリース。2006年、サードアルバム『ZAZEN BOYS III』発表。常に精力的なライブ活動を行っている。
http://www.mukaishutoku.com/

# Interview

アナログレコードからCDへ、そしてデータ配信へ。
音楽を取り巻く環境はめまぐるしく変化しています。
そんな時代の流れの中で、CDジャケットをはじめとするグラフィックにも
新しい表現方法やデザインが生まれています。
音楽に付随するデザインの今、将来について、どのように感じているのか。
スピッツや東京事変など多数のジャケットデザイン等を手がけている
デザイナーの木村 豊さん（Central67）にお話を伺った。

**これまでどれくらいのミュージシャンのジャケットデザインを手がけられましたか？**

うーん、わからないですね。仕事量としてはここ一年が一番多いかな。ミュージシャン数はそれほど多くないにしても、手がけるアイテム数が増えてます。

**依頼は単発よりも、ある程度の期間にわたってという形が多いんですか？**

単発っていうのはほとんどないですね。ミュージシャン側にも、シングル2枚出して、その後、アルバムを出すみたいな計画がありますから、「アルバムまでお願いします」というふうに言われます。そこまでで気に入ってもらえたら「引き続きお願いします」というケースが多いですね。
これは他のデザイナーにも言えると思うんですけど、一度、担当したら、ある程度の期間は継続してやってるんじゃないでしょうか。逆に一回ごとにデザイナーが変わる場合は、ミュージシャンが迷っているっていうか、イメージにぴったり合うデザインにめぐりあっていないってことかもしれませんね。気に入ってたら同じ人に頼むと思

うんですよ。その方が断然やりやすい。一から作り出していくっていうのは、伝えなきゃいけないことが多いし大変ですからね。

**実際に曲を聴いてデザインにつなげていくことはありますか？**

もちろん、あります。ただ、その段階では曲ができてないこともよくあるんで。シングルの場合は大体できてるんですけど、アルバムは完成してないことも多い。あとタイトルもずっと決まらないってことも、よくあります。

**そういった場合は何からイメージを膨らませるんですか？**

何回かやっていれば流れがあるんで、音楽やタイトルがなくてもイメージできるんですよ。初めて担当する場合は苦労しますね。だから最初の打ち合わせには時間をかけるんですけど、かといって制作期間が長いわけではないので、お互いの意思疎通とかイメージのすり合せとか課題は多いですね。バンドだとメンバー内でも意見が違っていたりして、リーダーシップを取る人

## 自分の作品ではなく、あくまでもミュージシャンのもの

がいるとまだ良いんですが、それもない場合は皆言ってることがバラバラでまとまらないこともあります。「あれもやってみたい、これもやってみたい。だけど具体的なイメージは浮かんでない」って感じですね。デザイナーは自分の作品を作ってるわけではなくて、あくまでもミュージシャンのものなんで自分の意見を押し通すことはできないし。だから最初のデザインはあんまり上手くいかないこともあるんですよ。

逆に長いことやっていると信頼関係ができますし、細かいところまで打ち合わせをしなくても相手がどんなグラフィックを要望してるのかも分かってきます。ミュージシャンには必ず「何となくこうしたい」ってイメージはあるんですよ。それがはっきり浮かんでる場合もあるし、本当に何となくの雰囲気だったりすることもあるし。それをいかに形にするかが僕たちの仕事ですね。

椎名林檎さんの場合は曲を作る段階でビジュアルまでトータルでイメージが浮かんでいるんですね。だからブレがなくて、こっちも迷わずにやれるんですよ。フジファブリックはボーカルの志村くんがジャケットについてのイメージを伝えてくれるんで、それをこっちで膨らませて形にするって感じです。あと、スピッツの亀に乗った女の子っていうのは草野さんのアイデアなんですけど、同じ亀に乗ってる女の子でも、リアルな感じがいいのか、イラストなのか、漫画っぽいものなのか。いろんなパターンがありますよね。だから、いくつか案を出して、どれがイメージに近いのかを確認しました。まあ、このときは亀に乗った女の子ですから、実際に撮影するのは難しいんで、亀の食玩を写真に撮って、モデルの女の子には別のものに乗ってもらって写真を撮って、それを組み合わせてトレースして、最終的に色づけをしたんですけどね。

スピッツは結構、長くやってるんですが、もともと

はこっちから売り込んだんですね。ファンだったんです（笑）。ただ、そのときは決まったデザイナーがいたんでできなくて。何年かしてデザイナーを変えるってことになったときに一緒にできることになったんです。

**そうやって好きなミュージシャンにアプローチすることは、よくあるんですか？**

めったにないです。大体はレコード会社から依頼があるかな。仕事の決定から、その後の進め方はケースバイケースでばらばらですね。アジカン（ASIAN KUNG-FU GENERATION）はかなり特殊なケースですよね。デザインっていうよりもイラストで成立してるところが大きいと思うんですが、うちに話が来た時点でイラストレーターは決まってましたからね。デザインというよりレイアウトしている感覚です。

**アジカンもそうですけど、最近はイラストやミュージシャン以外の写真を使ったジャケットが増えましたね。木村さんはずいぶん前から、そういったものが多かったと思うんですが意識してやられたんですか？**

子どもの頃からとにかく音楽を聴くのが好きで、ミュージシャンになろうとは思わなかったんですけど（笑）、自然と音楽のデザインをやりたいと思うようになって。主に洋楽を聴いてたんですけど、洋楽のジャケットって昔からミュージシャンの写真を使ってないものが多かったんで、自分でそういうものを作ることに対しても特別なことをしてるっていう意識はなかったですね。ただ、ミュージシャンの写真は絶対に使わないってことじゃなくて、使ったほうがいいと思ったときには使ってます。そういった意味でデザイナーって言うよりもアートディレクションの要素が強いですね。

**アートディレクションの役割は何だと思いますか？**

ジャッジをくだすことだと思います。写真でいくのか、イラストにするのか。ミュージシャンの写真を使うのか他のものにするのか。写真を使う場合は写真のディレクションもします。どういった写真にするかは、メンバーの要望を取り入れたり、曲を聴いてイメージしたり。例えばゲントウキは基本的に曲のイメージから撮影場所を決めて、もちろん撮影にも立ち会います。フジファブリックの『茜色の夕日』は実はビートルズの『アビイ・ロード』のパロディなんですよ。高円寺で撮影したのは、志村くんが「高円寺陸橋で撮りたい」って言ったからなんですけど。ただ、陸橋だけ撮ってもしょうがないんで、横断歩道をメンバーに歩いてもらって撮影したんです。まあ言わないと誰もパロディだってことは気付かないと思うんですけど、そういう仕掛けをするのは好きですね。

ただ最近は以前と比べると予算が半分近くまで削られがちで、トータルでデザインを担当するとか、ディレクションするっていうのは少なくなってますね。ジャケットだけで、ポスターとかツアーグッズまでは予算が回らなかったり。椎名さん（東京事変）のようにプロモーションビデオ（PV）まで手がけるっていうのはマレなケースでしょうね。本当はトータルでやるからできることってあるんですけどね。例えば、大がかりな撮影とかもジャケットとPVを一緒にやることで予算が組めたり。ジャケットだけだと撮影経費のみで予算一杯になっちゃうんですよね。

**木村さんは音楽関係以外のデザインを手がけることもあるんですか？**

ありますよ。本の装幀やテキスタイルのデザイン

なんかもやってますし、広告も何回かやったことがあります。ただ、広告はやっぱり違うというか、合わなかったんですよね。

**商品広告と音楽関係の仕事との違いは？**

すごい簡単な話で、音楽関係の場合は間に入る人が少ないことです。人がたくさんいると、その人たちに「なんでこのモチーフなのか」といったことを説明してジャッジしてもらわないといけないけど、ジャケットはミュージシャンに見せてOKもらえばいいだけなんで。そういった意味で説明可能なモチーフでなくてもいいんで、表現としては広告よりも自由だと思います。ビジュアルもミュージシャンの世界観のひとつなんで、その世界にフィットしてることは大切ですけど、説明しすぎてもいけないんですよね。あと広告の場合はやっぱり残酷なものや汚いものはダメってことがありますけど、ジャケットだったら大丈夫だし。

どっちかっていうとジャケットの場合、音楽ソフトとしてのCD本体を売ってるというよりミュージシャン本人を売ってるんですよね。人が商品なんですよ。例えば携帯電話の広告を作るとなったら、宣伝とか広告担当の人と打ち合わせはするけれど、携帯を開発してる人とは話をしない。だけど音楽の場合は、ミュージシャンと直に話をするんで、結びつきも強くなりますね。まっ、アジカンは長いことやってますけど、メンバーと会ったのは一回だけで。イラストレーターの中村さんにいたっては、メールのやりとりはありますけど会ったことはないんですよ（笑）。ただ会ってなくても作業はスムーズにいってますね。前はレコード会社の人が間に入って指示を出すって形が多かったと思うんですけど、最近はミュージシャン本人とやりとりするのが多いかな。ミュージシャン自身の意識も変わってきたんだと思います。

> ミュージシャンと直にやりとりするから、広告よりも自由な表現ができる

**ブックレットのデザインや文字組も凝ってらっしゃいますね。**

はい、そこは意識してやってます。もともと歌詞の部分とかは結構、雑だったんですけど、上手い人のを見て「俺もこうやんないとダメだな」と思うようになりましたね。文字組とか字間をきれいにそろえるとかデザイナーにしか分かんないような細かい部分なんですけどね。レイアウトについても横組と縦組のものを混在させたりして。本当は全部、縦組にしたかったんですけど、開きが逆になるんでケースに入れるのが大変になっちゃう。というわけで最初は苦肉の策から生まれたんですけど、やってみたら「これイイじゃん」って話になって続けるようになったんです。

**担当したCDは店頭で確認されるんですか?**

必ずチェックするってわけではないですけど、CDを買いに行ったときに見たりしますよ。もちろん店頭に並ぶことも考えてデザインしてて、基本的にシンプルなほうが目立つと思ってるんで、そういうことも考えながら作ってます。そうは言っても、最近はシンプルなデザインが増えてますけど、これはサイズを考えれば当然の流れかなと。以前のアナログ盤のようにデザインしていたら、一個一個が小さくなって見にくくなっちゃいますからね。タイトルや曲名は帯に入るからジャケットには入れないってことも多いですよ。

**音楽のグラフィックを手がける醍醐味は何ですか?**

長く残るってことが一番大きいと思います。ずっと音楽関係の仕事をしてますけど、飽きるってことはないですね。ずっとやってるからこそ、いろんなミュージシャンの方から依頼を受けるよう

にもなったと思うし。自分自身としては常に新しいものを作りたいって思ってますね。ただ、机に向かったりして、つきつめて考えるよりは、移動中とか街を歩いているときに、ぱっと思いついたもののほうが面白かったりする。だから、あんまり考えないようにしてるんですよ。
海外では一人のデザイナーがひとつのレーベルを丸々担当するっていうところもあって、そういうのも面白いなあって思いますよ。以前、少しやってたんですけどね。所属するミュージシャン達の意向が同じとは限らないんで、統一するのはなかなか難しいですね。大規模なレーベルより、小さいレーベルの個性として考えれば可能性はあると思います。

**ネットを利用したデータ配信などが急成長しているなかで、音楽のグラフィックの今後についてはどのように感じていますか?**

CDジャケットはなくなっちゃうでしょうね。ただ、買う人は何かしらビジュアルがないと物足りないと思うんですよ。音楽を聴くだけじゃなく、ミュージシャンのことをもっと知りたいって思うだろうし、そうなったら音楽以外の何かを手に入れようとすると思うんです。それが何なのかはよく分からないんですけど、何かしらのビジュアルは出てくるんじゃないでしょうか。ビジュアルの全体量は減ると思いますけど、だからこそ重要な意味を持つようになる。データじゃなくジャケット付きのものを買ってくれる人のために、豪華なものを作るといった発想になっていくんじゃないでしょうか。

# 量が減るからこそ、ビジュアルの重要性が増す

## Profile

木村 豊(きむら ゆたか)1967年生まれ。東京都出身。'95年に独立、Central67を設立。以降CDジャケットを中心にミュージックビデオの監督や本の装幀、ツアーグッズ、テキスタイル等のデザインを手がける。

# Editorial Note

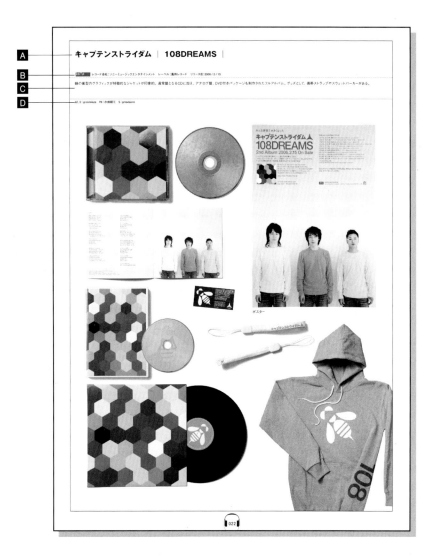

**A** アーティスト名 / CDタイトル / ツアータイトル
**Artist Name / CD Title / Tour Title**

**B** データ　**DATA**
レコード会社 / レーベル / リリース日 / ツアー開催期間
**Record Firm / Label / Release Date / Tour Period**

**C** デザインコンセプト　**Design Concept**

デザイナー、宣伝担当者などによるデザインコンセプト
Design concept as described by the advertising director
or designer.

・コメント者が明記されていない場合は、編集部によるものです。
Please note that name of the advertising director or designer is
not specified, it is by the editorial department.

**D** スタッフクレジット　**Staff Credit**

P ：プロデューサー　Producer
A ：エージェント　Agent
CD：クリエイティブ・ディレクター　Creative Director
AD：アート・ディレクター　Art Director
D ：デザイナー　Designer
PH：フォトグラファー　Photographer
I ：イラストレーター　Illustrator
DF：デザイン会社　Design Firm
S ：作品提供社　Submitter

・上記以外の制作者呼称は省略せずに掲載しています。
All other production titles are unabbreviated.

・スタッフクレジットと作品につくアルファベットは、制作者を示す照合
番号です。
The alphabet indicated after the works and the creative staff
name, it is the reference number to show the person who is in
charge of the work.

※掲載ツールは、制作した全てのツールではなく、その一部の場合も
あります。
Pieces shown may represent only a portion of the entire series of
promotional tools produced for the CD or Tour.

※作品提供者の意向によりデータの一部を記載していない場合があ
ります。
Please note that some credit information has been omitted at
the request of the submitter.

※各企業名に付随する、"株式会社、(株)" および" 有限会社、(有)"
は表記を省略させていただきました。
The " kabushiki gaisha (K.K.) and " yugen gaisha " (Ltd.)
portions of all names have been omitted.

※本書に記載された企業名・商品名は、掲載各社の商標または登録
商標です。
The company and product names that appear in this book are
published and / or registered trademarks.

**PIE BOOKS**
2-32-4, Minami-Otsuka, Toshima-ku, Tokyo 170-0005 Japan
Phone: +81-3-5395-4811　Fax: +81-3-5395-4812
e-mail: editor@piebooks.com　sales@piebooks.com
http://www.piebooks.com/

ISBN4-89444-525-5 C3070
Printed in Japan

# ASIAN KUNG-FU GENERATION

**DATA** レーベル：Ki/oon Records

メンバーのざっくりとしたイメージをもとに中村佑介氏がイラストを描き、その繊細なタッチをセントラル67が丁寧に仕上げるというコンビネーションがあまりに見事で、メジャーデビュー以降のアートワークは全てこのタッグで行っています。とくに、中村氏のイラストは、大胆にとった画面構成でまず目を惹きつけながらも、ディテールには歌詞を折り込んだ細かいフックが使われていたりして、毎度上がってくるたびに感嘆しています。ちなみに、誌面構成では伝わらないかもしれませんが、「崩壊アンプリファー」と「君繋ファイブエム」のジャケットは横に並べると、赤い糸で繋がっています。(キューンレコード)

D<except for a>: 木村 豊 (Central67)　I: 中村佑介　S: Ki/oon Records

チラシ

チラシ

チラシ

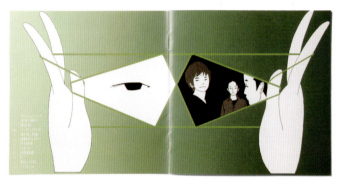

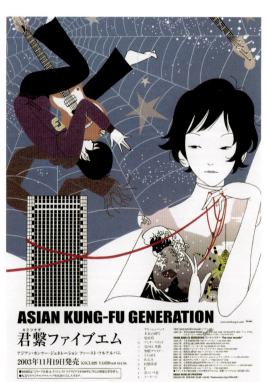

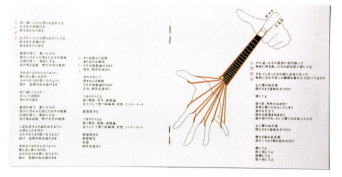

チラシ

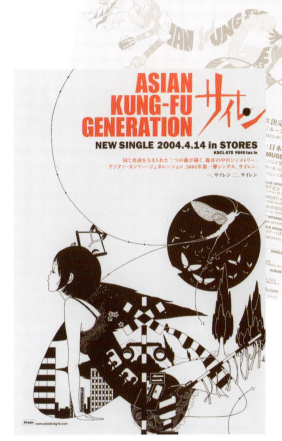

チラシ

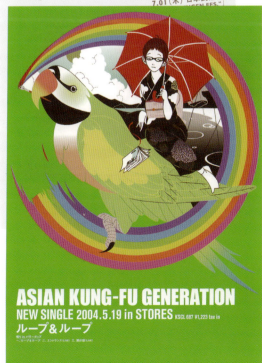

チラシ

チラシ

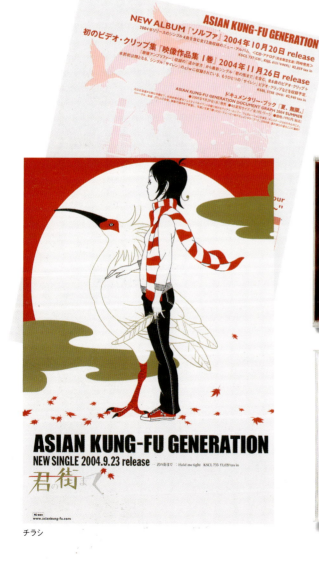

チラシ

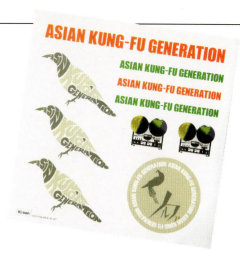

チラシ

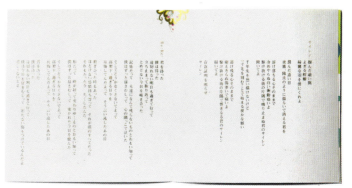

チラシ

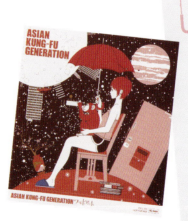

チラシ

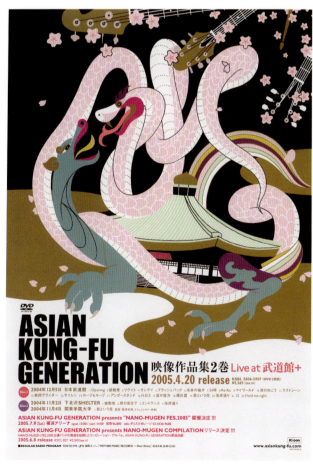

チラシ

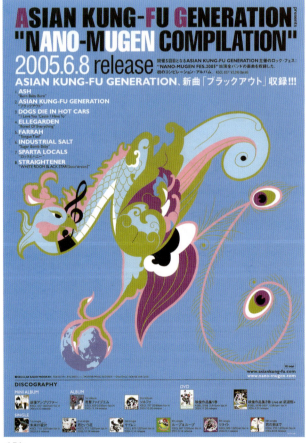

チラシ

# ASIAN KUNG-FU GENERATION │ ファンクラブ / Tour 2006「count 4 my 8 beat」│

**DATA** レーベル：Ki/oon Records　リリース：2006 / 3 / 15　ツアー開催期間：2006 / 4 / 24〜7 / 6

ジャケットアートワークに関しては、前述のとおり。アルバムリリース後に行われたツアー "count 4 my 8 beat" でのクリエイティブに関して。ツアータイトル、そして何よりファンクラブが多彩なリズムによって構成されたアルバムであることから、ドラムスティックをモチーフに制作。また、映画のようなドラマティックなアルバムがカウント4つで円を描くようにスタートするイメージでデザインしています。(Only in dreams)

D（CD Jacket & Flyer）：木村 豊（Central67）　D（Goods）：Only in dreams, 林 瑞穂（Sony Music Communications）, 早勢康嗣（Sony Music Communications）　I（CD Jacket & Flyer, Goods "FAN CLUB" Illustrations）：中村佑介
I（Goods "count 4 my 8 beat" Illustrations）：Only in dreams　Goods Production & Merchangdising：Sony Music Communications Inc.　S：Ki/oon Records, Spectrum Management

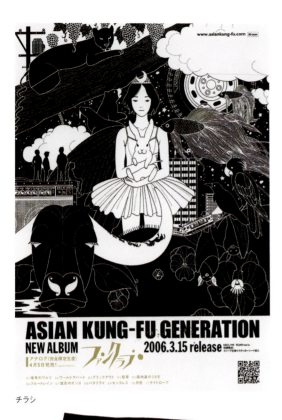

チラシ

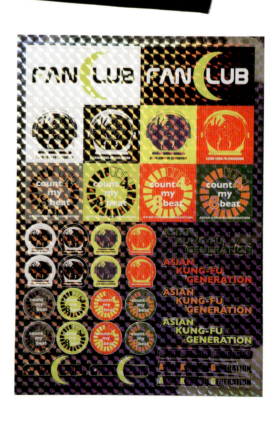

ライトキーホルダー
点灯するとイメージが
映し出される。

# キャプテンストライダム ｜ 108DREAMS ｜

**DATA**　レコード会社：ソニーミュージックエンタテインメント　レーベル：風待レコード　リリース日：2006 / 2 / 15

蜂の巣型のグラフィックが特徴的なジャケットが印象的。通常盤となるCDに加え、アナログ盤、DVD付きパッケージも制作されたフルアルバム。グッズとして、携帯ストラップやスウェットパーカーがある。

AD, D：groovisions　PH：市橋織江　S：groovisions

ポスター

# キャプテンストライダム ｜ 悲しみのシミかな ｜

**DATA** レコード会社：ソニーミュージックエンタテインメント　レーベル：風待レコード　リリース日：2006 / 1 / 25

キーとなるティッシュボックスのイラストに合わせた販促ツールが制作されている。ツール全般に渡ってイメージが貫かれ、実際にキービジュアル通りのティッシュを作ってしまったのが面白い。使用カラーは3色なのに強いインパクトを残している。

AD, D：groovisions　S：groovisions

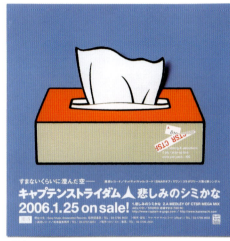

チラシ

**CTSR**

HISTORY

悲しみのシミかな

ポスター

# キャプテンストライダム ｜ 流星オールナイト ｜

**DATA** レコード会社：ソニーミュージックエンタテインメント　レーベル：風待レコード　リリース日：2005 / 3 / 24

コンバース風の靴に流星のイラスト。Tシャツやギターピックをモチーフにしたキーホルダーなどのグッズも「ブルー」で統一されている。

AD, D：groovisions　PH：若木信吾　S：groovisions

チラシ

ポスター

# キャプテンストライダム ｜ キミトベ ｜

**DATA** レコード会社：ソニーミュージックエンタテインメント　レーベル：風待レコード　リリース日：2005／10／19

サボテンをモチーフに、販促グッズなどを展開。Live映像を収録したDVDが同梱されている。「キャプテンストライダム＝CTSR」という略字をモチーフに、ロゴの一部をサボテンイラストにしたアイデアが楽しい。

AD, D：groovisions　S：groovisions

ポスター

# キャプテンストライダム　│　マウンテン・ア・ゴーゴー・ツー　│

**DATA** レコード会社：ソニーミュージックエンタテインメント　レーベル：風待レコード　リリース日：2004 / 11 /3

「ワニ」のイラストをビジュアル展開。ジャケットもイラストのみを使ったシンプルなデザインだが、インパクトは強い。Tシャツはジャケットのビジュアルを踏襲しながらバンド名をアクセントに。

AD, D：groovisions　PH：森本美絵　S：groovisions

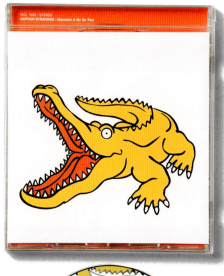

チラシ

ポスター

# 松本 隆 │ 風待図鑑 │

**DATA** レコード会社：ソニーミュージックエンタテインメント　レーベル：風待レコード　リリース日：1999 / 12 / 1

作詞家・音楽プロデューサーである松本 隆氏の作詞活動30周年を記念して発売された記念CDボックス。CDラックに収めても美しいグラデーションになるよう考えられている。CDケースとボックスの色を揃えれば
キチンと収納できるデザイン。

AD, D：groovisions　PH：風景＆1999年の松本 隆／佐内正史　1972年の松本 隆／野上眞宏　S：groovisions

 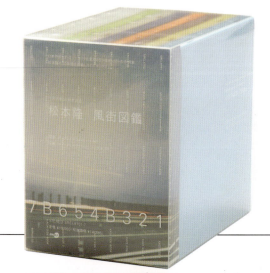

# アナログフィッシュ

**DATA** レコード会社：エビックレコード

ビビットでシンプルでポップな印象をストレートなビジュアルにする、これがアナログフィッシュすべてのプロダクツにおけるデザインテーマ。しかも、ストレートな表現の中に行き過ぎないロック的ユニークさを注入する。インディーからメジャーに移行する転換期にある中、インディー時から持っているメンバーの人間性や世界観を断ち切ることなく、あくまで延長上にあることも重要なデザイン要素。リイシュー盤のイラスト、Tシャツの魚マークはメンバー下岡氏のイラストによるもの。(eyepop／三栖一明)

AD, D：三栖一明　PH：相田晴美, 加藤仁史　I：下岡晃　S：三栖一明

チラシ

チラシ

チラシ

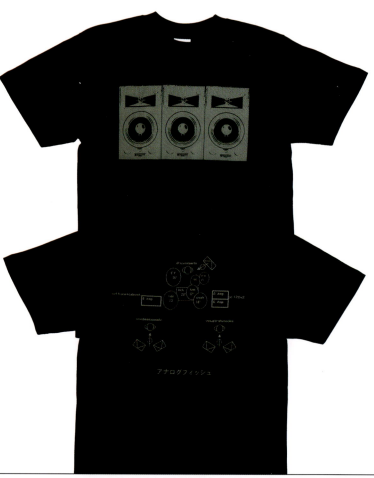

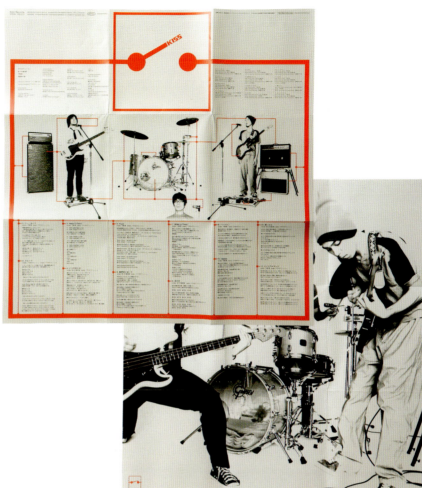

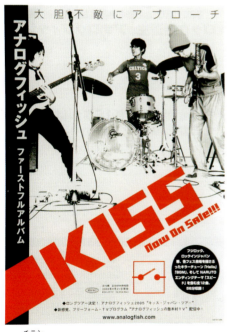

チラシ

# TYPHOON24

**DATA** レーベル：HITS-g UNITED

ミニアルバム「RIOT」では、「赤ん坊」と「暴動」のミスマッチ感を表現。アルバム「HELPLESS」では、彼らのアイコンでもある「羊」をメインに、脱力感のある愛くるしい、優しげなビジュアルを使用しつつ、ハードロックな世界観とのギャップを狙った。ミニアルバム「piece of mind」では、「天使の羽根」と「割れたガラス」という、対照的なアイテムを配置。(ROOTS／冨貫功一)

AD, D：冨貫功一（ROOTS）　PH-a：小野さやか　S：冨貫功一（ROOTS）

a

記念スペシャルチケット

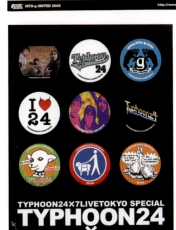

DM

# レミオロメン ｜ アカシア ｜

**DATA** レーベル：SPEEDSTAR RECORDS／浮雲レーベル　リリース日：2004／5／19

「アカシア」の花をみつめるクマをビジュアルアイコンに設定して、様々なメディアに展開した。(博報堂／佐野研二郎)

CD：鈴木栄子　AD, I：佐野研二郎　D：岡本和樹　S：佐野研二郎

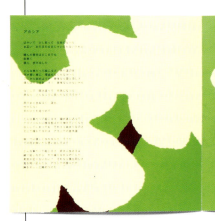

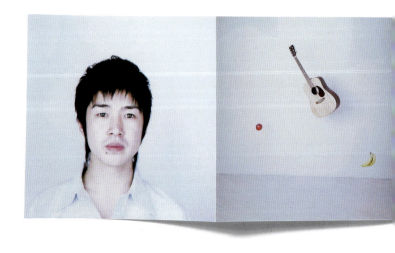

ポスター

# レミオロメン ｜ ether［エーテル］｜

**DATA** レコード会社：ビクターエンタテインメント　レーベル：浮雲レーベル　リリース日：2005 / 3 / 9

「目には見えないが確実に存在するモノ」というメンバーからのテーマをできる限り具体的に、かつ抽象的に表現することがいちばんのコンセプト。そこに自分なりの答えを重ねてみた。(TLGF)

AD, D：河原 光（TLGF）　PH：大橋 仁　DF：TLGF　S：TLGF

「目には見えないが確実に存在するモノ」というメンバーからのテーマをできる限り具体的に、かつ抽象的に表現することがいちばんのコンセプト。そこに自分なりの答えを重ねてみた。(TLGF)

AD, D：河原 光（TLGF）　PH：大橋 仁　DF：TLGF　S：TLGF

# ether

1/n. the higher air; [Sc.] elastic substance everywhere in space,
through which right waves are sent.
e'thereal, a. Very delicate in substance, seeming not of the earth.
2/n. Liquid used in medical operations to make persons uncon-
scious. 3/n-in-names. the album of a new standard rock sound
from remioromen. ■ *ex. Have you ever meet the sound like this?*

# 05_03_09

release the album "ether"
and live at budokan,
performed by remioromen.

this is a gift for the album of a new standard rock sound
from remioromen. limited edition for the prizewinners only.
presented by remioromen family / designed by tlgf
www.remioromen.jp

# 2K05MRCH9_rmrmn

# 05_03_09

release the album "ether"
performed by remioromen.

this is a gift for the album of a new standard rock sound from remioromen.

limited edition for the prizewinners only.

presented by remioromen family / designed by tlgf
www.remioromen.jp
2K05MRCH9_rmrmn                                    00374

## "a miser's T-shirt stored in the closet"

you can get the treasure, open this flap. and wear it anytime, anywhere.

ether

# 風味堂 ｜ 眠れぬ夜のひとりごと ｜

**DATA** レコード会社：ビクターエンタテインメント　レーベル：SPEEDSTAR RECORDS　リリース日：2004 / 11 / 10

メジャーデビューシングルなので風味堂の認知を上げるためにわかりやすいロゴを作ることから始める。バンド名の和風なイメージに縛られないようにロゴはシンプルなフォルムにし、3人編成のバンドであることをわかりやすくシルエットに落とし込んだ。また、このロゴは固定せず横顔でシルエットであるという決まり事だけで、リリースごとに変化をしていく発展型のロゴにしている。ジャケットのデザインはボーカルが目立つように演奏している姿をコラージュし動きが出るようにした。タイトルは異なったフォルムを組み合わせてデザインし、いろいろな「ひとりごと」をイメージした。(ASYL CRACK)

CD：箭内道彦（風とロック）　AD, D：土屋千春（ASYL CRACK）　D：小野彰彦（ASYL CRACK）　PH：平間至　CW：中村聖子（風とバラッド）　S：ASYL CRACK

プロモーション盤

ポスター

# 風味堂 ｜ ナキムシのうた ｜

**DATA** レコード会社：ビクターエンタテインメント　レーベル：SPEEDSTAR RECORDS　リリース日：2005 / 1 / 26

前向きな曲なのでみんなが親しみを持てるCDジャケットを心がけて制作。実際にメンバーを撮影し、イラストに落とし込んだ。その際、イラストは暖かみのあるタッチの木内氏に依頼。シチュエーションは、表1では天気雨で少し寂しげだが、表4ではメンバーの3人が見ていたのは虹という設定で、曲のポジティブさを感じられるようにした。タイトルデザインも親しみが持てるような丸みを帯びたデザインでまとめ、ポスターには写真、雑誌広告にはイラストを使用し、展開に広がりをみせた。(ASYL CRACK)

CD：箭内道彦（風とロック）　AD：土屋千春（ASYL CRACK）　D：土屋千春、小野彰彦（ASYL CRACK）　PH：池田晶紀（Dragged Out Studio）　I：木内達郎　CW：中村聖子（風とバラッド）　S：ASYL CRACK

ポスター　　　　　　　　　　　　　　ポスター

# 風味堂 ｜ 楽園をめざして ｜

**DATA** レコード会社：ビクターエンタテインメント　レーベル：SPEEDSTAR RECORDS　リリース日：2005 / 4 / 27

航空会社のCMソングとして起用されたこの曲は、曲調もさわやかなので、青い空、青い海、白い砂浜を連想させる旅のパンフレットのようなイメージで進めた。写真も楽しさが伝わるようなものを中心にセレクトし、レーベルには太陽をイメージしてデザイン。所々に虹の帯をポイントにしてデザインを統一し、にぎやかな雰囲気をだした。ロゴにヤシの木をあしらい、夏のイメージを強くさせた。タイトルは基本フォルムを明朝体にし、全体的にポップになりすぎないように少し抑えた。ジャケットの印刷には4色に蛍光の水色を加え、青に鮮やかさを出した。（ASYL CRACK）

CD：箭内道彦（風とロック）　AD, D：土屋千春（ASYL CRACK）　D：小野彰彦（ASYL CRACK）　PH：有高唯之　S：ASYL CRACK

ポスター

ポスター

# 風味堂 ｜ ママのピアノ ｜

**DATA** レコード会社：ビクターエンタテインメント　レーベル：SPEEDSTAR RECORDS　リリース日：2005 / 11 / 2

古い箱にしまっている大切なものをイメージし、「宝物」をテーマにして制作。また、古いピアノの感じも出せるように素材にもこだわった。焼きつけたテクスチャや汚れた感じを出す工夫をし、宝物という雰囲気がより出るようにした。全体のイメージを統一するため、写真も少し古い風合いになるように加工した。写真はカメラマン池田氏に親子で協力していただき、曲中の母子のつながりを父子のつながりで演出した。タイトルは少し幼さを残しつつ、シンプルなデザインにした。シルエットロゴは悲しみの涙をこらえるため3人が上を向いている設定で作成。(ASYL CRACK)

CD：箭内道彦（風とロック）　AD, D, CG：土屋千春（ASYL CRACK）　D：小野彰彦（ASYL CRACK）　PH：池田尚弘（STUDIO JUAN）／池田晶紀（Dragged Out Studio）　CW：中村聖子（風とバラッド）　S：ASYL CRACK

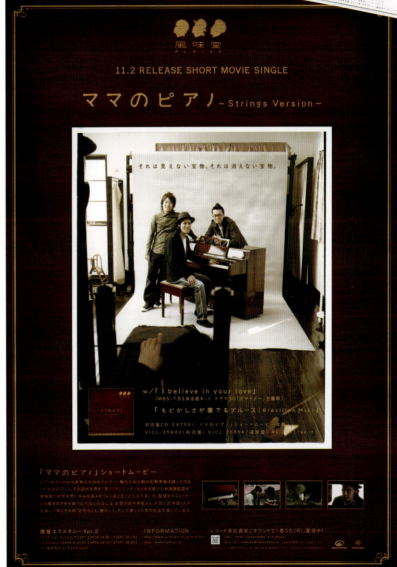

ポスター

# 風味堂 ｜ 風味堂 ｜

**DATA** レコード会社：ビクターエンタテインメント　レーベル：SPEEDSTAR RECORDS　リリース日：2005 / 6 / 22

ロゴで使用している3人の横顔シルエットを実写にした。表1はシンプルで目立つようにした。曲ごとにコピーがあり、曲のイメージを膨らませる効果を出している。曲に合わせた背景をセレクトし3人が並んでいるが、最後にはラーメン屋の前でも並んでいる。ツアーに伴い、Tシャツも作成。アルバムと連動したものや、鍵盤の「ファ・ミ・ド」を「FU・MI・DO」に置き換えたもの、シルエットロゴを殿様ロゴにしたものと3種類作成し、それぞれの色を出し、買い手にも楽しめるデザインにした。同時期に楽譜も出版され、アルバムとの連動感が出るようにデザインを統一した。（ASYL CRACK）

CD：箭内道彦（風とロック）　AD, D：土屋千春（ASYL CRACK）　D：小野彰彦, 幸前圭祐（ASYL CRACK）　PH：平間至　CW：中村聖子（風とバラッド）　S：ASYL CRACK

Published by ヤマハミュージックメディア

チラシ

ポスター

# 風味堂 ｜ クラクション・ラヴ ｜

**DATA** レコード会社：ビクターエンタテインメント　レーベル：SPEEDSTAR RECORDS　リリース日：2006 / 5 / 3

曲中に何度も出てくる「SKISSしようぜ！！」がキャッチコピーとなり展開。風味堂が所属するプロダクションのロゴマークに似た唇のSKISSマークを作成し、シール、風船、グッツなどに落とし込んだ。ジャケットはいろいろな都市のネオンをコラージュし、光を加え、実際には存在しない華やかな空間を演出した。マークやタイトルもネオン風にデザインし、全体的にギラギラさせた世界観を出しすようにした。初回特典としてPVに出てくるダンスをメンバー本人に踊ってもらい撮影。解説付きのミニポスターを作成した。PVと連動させたデザインにし、全体的に統一したイメージになるようにした。(ASYL CRACK)

CD：箭内道彦（風とロック）　AD, D, PH-a, CG-a：土屋千春（ASYL CRACK）　D：小野彰彦（ASYL CRACK）　PH：梅川良満　S：ASYL CRACK

プロモーション盤

プロモーション盤

a

ポスター

# 坂本真綾 │ 少年アリス │

**DATA** レコード会社：ビクターエンタテインメント　リリース日：2003 / 12 / 10

楚々として、みずみずしい感じが出せるよう心掛けました。（マッハ55号）

P：菅野よう子　CD：井上裕香子（ビクターエンタテインメント）　AD, D：マッハ55号　PH：Jill Max　I：雨宮亜季　S：マッハ55号

ポスター

チラシ

# 坂本真綾 │ タナボタ3 │

**DATA** レコード会社：ビクターエンタテインメント　ツアー開催期間：2004 / 3 / 10〜2004 / 3 / 29

CDのデザインからは一転して、ロックでニギニギしく、何でもアリな感じで。（マッハ55号）

AD, D：マッハ55号　PH：マッハ55号, 坂本真綾, イヌ, 菅野よう子, Jill Max　I：坂本真綾　S：マッハ55号

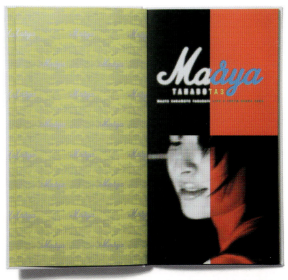

ツアーパンフレット

# THE MAD CAPSULE MARKETS

**DATA** レコード会社：ビクターエンタテインメント

一つの軸となるストーリーを元にキャラクターを進化させて制作。CDで登場したキャラクターがPV等の映像だけではなく、メディコム・トイの協力のもと、トイやフィギアまで展開した。"音源"と"トイ"をパッケージした最初の試みともいえるであろう。（ポジトロン）

AD, D, I：土井宏明　D：西 由浩　D, I：和田 暢　PH：石田 東（ALOHA STATE）　CG：岡本ケンジ, ナカシンジ　S：ポジトロン

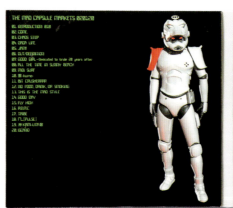

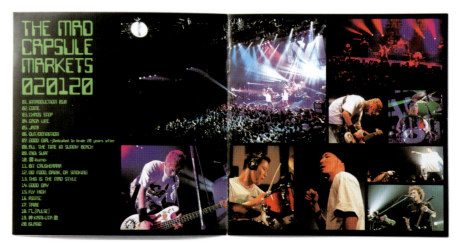

AD, D, I：土井宏明　D：西 由浩　D, I：和田 暢　PH：石田 東（ALOHA STATE）　CG：岡本ケンジ, ナカシンジ　S：ポジトロン

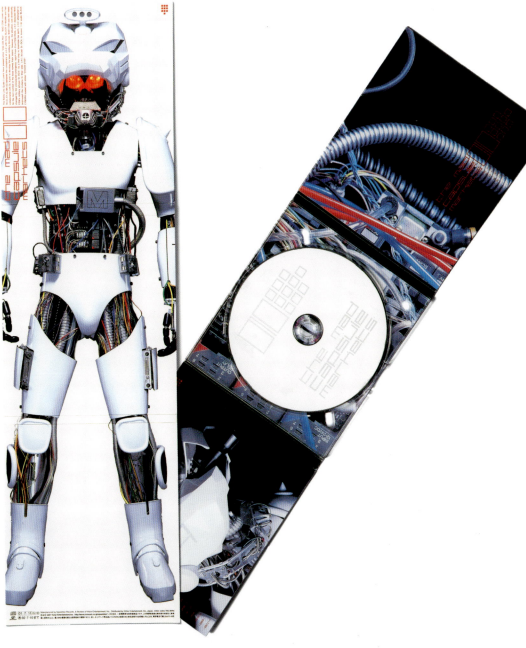

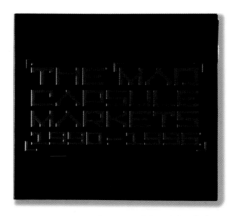

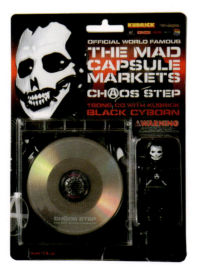

# くるり ｜ 百鬼夜行2003 ｜

**DATA** 主催：Bad News　ツアー開催期間：2003 / 11 / 29〜2003 / 12 / 15

かわいいだけじゃない、気持ち悪さとか、不気味さのようなものもデザインした。一筋縄ではいかないROCK。グッズの色やサイズも、何案も出してこだわっている。( STUDIO ZEBRA／古賀鈴鳴 )

AD, D, PH, I：古賀鈴鳴（STUDIO ZEBRA）　S：古賀鈴鳴（STUDIO ZEBRA）

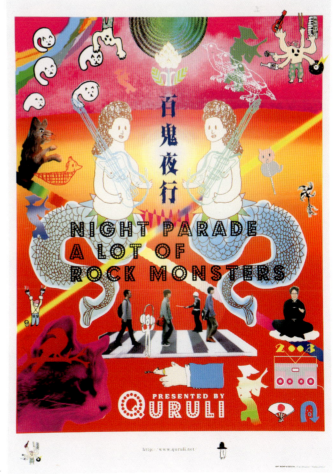

ポスター

# くるり ｜ HOW TO GO ｜

**DATA** レコード会社：ビクターエンタテインメント　レーベル：SPEEDSTAR RECORDS　リリース日：2003 / 9 / 17

この楽曲が持っているスピード、歩く速度を表現するコトだと思った。くるりのプライベートスタジオがPENTATONICというので、"ペン太くん"という謎のペンギンキャラクターを作りあげた。一見はずしているように見えて、実は楽曲のもつ世界観とリンクするようなビジュアルが作れれば最高なのだが、これは成功したように思う。写真撮影は富士山で行なった。Tシャツやジャケット中面の猫のキャラクターはメンバーの岸田繁氏と私が猫好き、という理由による。( STUDIO ZEBRA／古賀鈴鳴)

AD, D, I：古賀鈴鳴（STUDIO ZEBRA）　PH：黒瀬康之　S：古賀鈴鳴（STUDIO ZEBRA）

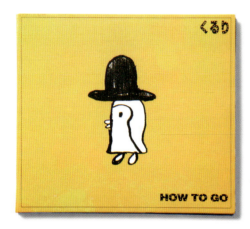

# くるり ｜ アンテナ ｜

**DATA** レコード会社：ビクターエンタテインメント　レーベル：SPEEDSTAR RECORDS　リリース日：2004 / 3 / 10

トーキョーに住んでいる人も気がつかない、トーキョーの良いところをテーマにジャケットに落としこんだ。日常の新しい発見がテーマ。くるりの音楽は唄われている視点がとても独特なので、独特な写真と独特なデザインに。でも、ことさらそれを強調するのではなく、あくまでもさらっとしてないといけない。日常に寄り添ってないといけない。バランスのデザイン。( STUDIO ZEBRA／古賀鈴鳴)

AD, D, I：古賀鈴鳴（STUDIO ZEBRA）　PH：佐内正史　S：古賀鈴鳴（STUDIO ZEBRA）

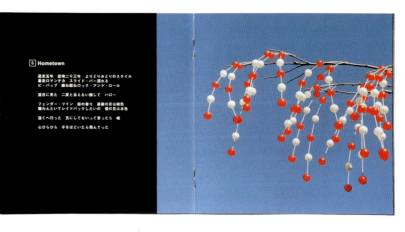

ポスター

# クレイジーケンバンド

**DATA** レーベル：サブスタンス

CKB関連の主立ったアートワークのほとんどを手がける、湯村輝彦主宰フラミンゴスタジオの作品群。CK扮するキャラクター「マスクマン」を生み出したSOUL PUNCH〈2005年〉のカバーはLP二枚組風仕様のCDジャケ〈page058〉。マスクマンは連作TEEシャツにも〈page064〉。DVDボックス〈2006年〉はなんと描き下ろしレジャーシート付き〈page059〉。架空の街が出現した「BROWN METALLIC」のジャケとツアーパンフ〈2004年／Page 060+061〉。ファンクラブ会員には毎年クリスマスカード〈page062〉と、年に数回の会報〈page063〉も届きます。その他ミネラルウォーターからカレンダーに至るまでパッケージデザインはどれも豪快で繊細でエロでクレイジーで最高にオシャレ！（ダブルジョイレコーズ）

AD：Terry Johnson & Gangrock（Flamingo Studio）　D：Luvrich, Ricky, and more（Flamingo Studio）　PH：various

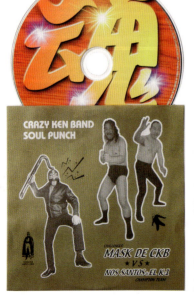

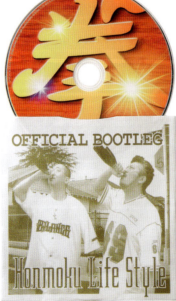

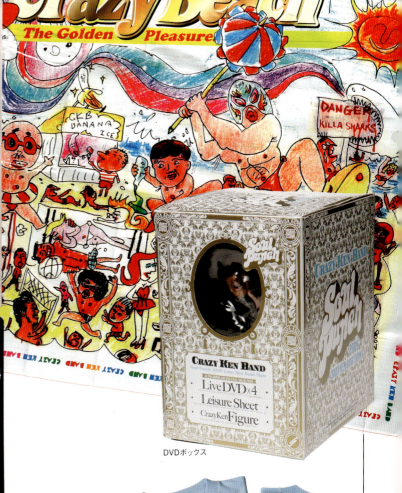

DVDボックス

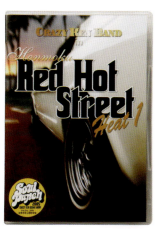

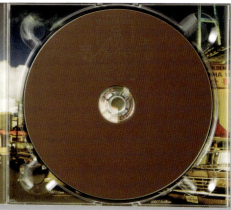

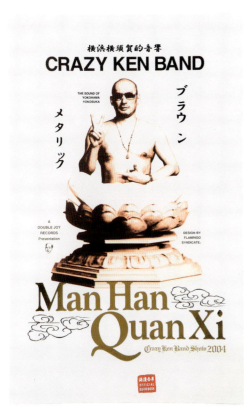

ツアーパンフレット

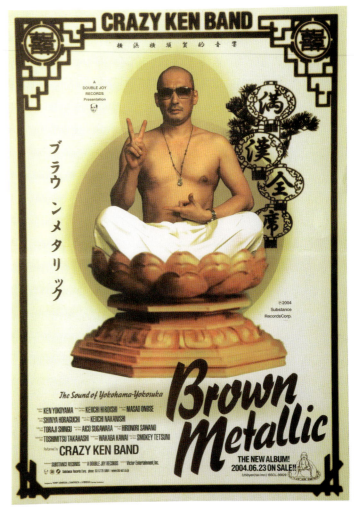

ポスター

暗い場所で発光
する仕組みにな
っている。

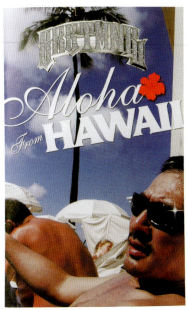

会報誌

# スキマスイッチ ｜ ボクノート ｜

**DATA**  レコード会社：BMG JAPAN　レーベル：AUGUSTA RECORDS　リリース日：2006 / 3 / 1

ドラえもんとスキマスイッチの夢のコラボレーション。（風とロック）

CD, AD：箭内道彦（風とロック）　D：大沼真一（カニプロ）　PH：Hiromix（LOOK inc.）　Stylist：袴田能生（juice）　Hair & Make：林 洋二（EartH is art）　S：BMG JAPAN

チラシ

ポスター

# スガ シカオ ｜ 19才 ｜

**DATA** ┃┃┃┃ レコード会社：BMG JAPAN　レーベル：AUGUSTA RECORDS　リリース日：2006 / 4 / 26

スガ シカオの持つクールさはそのままに、今までの「スタイリッシュ」な写真とは違った切り口で新たなスガ シカオ像を狙った。「19才」の詞の世界が持つ妖しさと不安感、なまめかしさ、ざらついた質感を表現するため、コラージュという手法でアナログ感を演出。(ROOTS／冨貫功一)

D：冨貫功一(ROOTS)　PH：アミタマリ(網田写真事務所)　Stylist：大村鉄也(Commune)　Hair & Make：宮本由樹(Cube)　S：BMG JAPAN

チラシ

ポスター

# orange pekoe | Modern Lights |

DATA レコード会社：BMG JAPAN　リリース日：2003 / 7 / 2

アフリカン、パーカッションなど、少しエスニックな感じが入っていたり、多くのアレンジを一瞬で詰め込んだようなアルバム。表は抽象的な色の写真を使用し、小さい空間にスケール感をだすため、本体は三面に、ブックレットは上下に分けることで組み合わせ自由な構成にし、見る側が遊べる感覚になるようにした。オレンジペコらしい優しさと強さをだした作品。月の光を連想させるライブだったのでパンフレットも丸い月の形に。ジャケットのイメージと統一させるため、同じ万華鏡パターンやイラストを使用。一枚一枚、裏表のビジュアルが違うため見る人が自由な組み合わせができるようにした。カバーはシャンパンゴールドにし、大人で上品な感じに仕上げた。（ASAMI／清川あさみ）

AD：清川あさみ（ASAMI）　D：藤田二郎（FJD）　S：BMG JAPAN

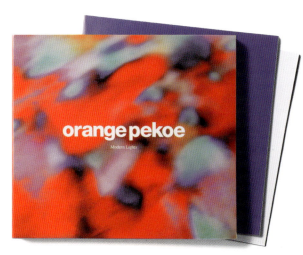

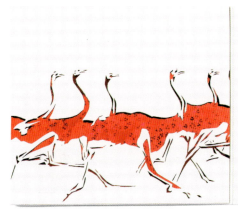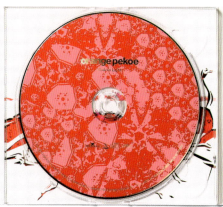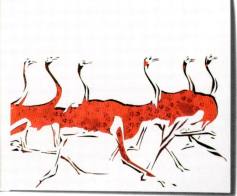

ツアーパンフレット

# Polaris ｜ 音色 ｜

**DATA** レコード会社：ポリスター　レーベル：Familysong　リリース日：2006 / 3 / 15

Polaris結成5周年を記念して、コクヨA^nとのコラボレーションで生まれたベスト盤「音色」のスペシャル・エディション。可愛らしくポップでありながら、どこか抽象的な心象風景を喚起させるムラタ有子の絵がPolaris の音楽と共鳴して、より立体的な世界観を生み出している。ずっと前から一緒に寄り添っていたような組み合わせ。（ポリスター）

P：道司裕一（Familysong / Polystar）　CD：宇佐美明子（Familysong / Polystar）　AD, D-a：嶋岡正次郎（PUMP）　AD, D-b：山田惠子　AD, D-c：大島依提亜　AD-d：GO PUBLIC　AD-e：安永哲郎（コクヨ）　D-d：LIST　D-e：原田淳子（コクヨ）　S：Gallery side 2

a
b
e
b
c
d

Polaris×コクヨA^n
Special Edition 2006

・Polaris「音色」CD+DVD
・コクヨA^n ムラタ有子"
　"Nowhere to be found"（画集ノート）
・オリジナル缶バッジ
・オリジナルカタログパンフレット

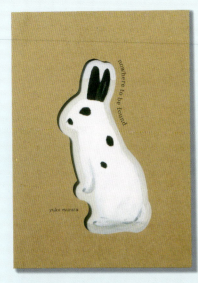

nowhere to be found

yuko murata

Polaris

Polaris
Biography

2001

2002

2003

2004

2005

2006.3.15out!
**Polaris**

Art Work

Polaris

Polaris

# メレンゲ ｜ 星の出来事 / SPRING TOUR「星下り」｜

**DATA** レコード会社：ワーナーミュージック・ジャパン　リリース日：2006 / 4 / 5　ツアー開催期間：2006 / 5 / 18～6 / 15

前作シングル『カメレオン』のアー写で、メンバー全員がバイクのヘルメットをかぶっているものを使用した流れから、「顔を隠したビジュアルが面白いのでは」という発想につながった。また、アルバムタイトルが『星の出来事』だったことから、宇宙服というアイデアが生まれた。（Central67／木村 豊）

AD：木村 豊（Central67）　S：ワーナーミュージック・ジャパン

WPCL-10267

チラシ

ポスター

# BONNIE PINK | Golden Tears |

**DATA** レコード会社：ワーナーミュージック・ジャパン　リリース日：2005 / 9 / 21

デビュー10作目となる本作。タイトルの「Golden Tears」を表す"黄金の涙"が散りばめられたアートワークと、ボニーピンク自身が醸し出すフェミニンなイメージとがリンクし、印象的な作品に仕上がっている。

AD & Treatment：Këiji Itö（Unidentified Flying Graphics）　D：Shinobu Fukudá（HUGH）, Takamitsu Hätta（Unidentified Flying Graphics）　PH：Mitsuaki Koshitsuka（MORE VISION tokyo）　Stylist：Ken Uchizawa　Hair & Make：MEGURO（D-CODE）
Clothes Cooperation：Tramando　Merchandiser：Mariko Katsumi（Taisuke）

ポスター

# RIP SLYME | Hot chocolate |

**DATA** レコード会社：ワーナーミュージック・ジャパン　リリース日：2006 / 1 / 25

明治製菓の「100％Chocolate Cafe」とのコラボレーションによってデザインされたもの。発売に先駆けては、「100％Chocolate Cafe」でキャンペーン企画が行なわれたほか、CD型チョコレートと7インチレコードのセットをネットで限定発売するなどユニークな試みが行なわれた。

CD, AD：groovisions　S：groovisions

ポスター

初回限定盤

For all fans of Milk Chocolate and Rip Slyme with Love!!

serial number of this package

/5000

# RIP SLYME ｜ FUNKASTIC ｜

**DATA** ｜ レコード会社：ワーナーミュージック・ジャパン　リリース日：2002 / 3 / 27

男女バージョン違いのジャケットのほか、販促ツールとしてジャケットイメージに合ったトイレットロールなどがある。また、プロモーション盤は、FM局別にジャケットカラーを変えて複数の種類が制作されている。

AD, D：groovisions　S：groovisions

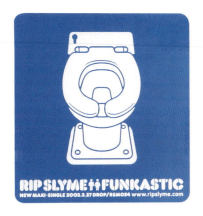

プロモーション盤

# ファンタスティック・プラスティック・マシーン

**DATA** レコード会社：エイベックス　レーベル：カッティング・エッジ

「軽くヤバイ」のCMソングでもおなじみとなったファンタスティック・プラスティック・マシーンのビジュアル群。CD、アナログ盤を通じて、毎回様々なグラフィックでファンを楽しませてくれる。

AD：groovisions, Tomoyuki Tanaka（Fantastic Plastic Machine）　D：groovisions　PH-a：Aya Tokunaga（KiKi inc.）　PH-b：Yoshiyuki Hata　I-b：Yoko Kawamoto　S：groovisions

a

ポスター

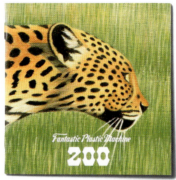

ポスター

ポスター

# 相川七瀬 ｜ **7 SEVEN** ｜

**DATA** レコード会社：エイベックス　ツアー開催期間：2004 / 7 / 1～2004 / 7 / 17

2004年に行なわれたコンサートツアーのグッズ。アーティスト本人の名前にもある「7」という数字をキービジュアルとして、タオルや携帯ストラップ、Tシャツを制作。すべてのグッズはボックスにパッケージされていて、グッズ販売エリアもボックスを積み上げた空間としてデザインされた。

A：ground　CD：益子剛, 小島辰弥　AD, D：野尻大作　PH：瀧本幹也　DF：ground　ST：TAKAO　S：ground

ツアーパンフレット

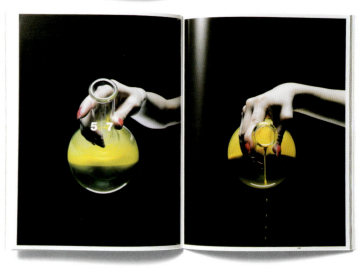

# 相川七瀬

**DATA** レコード会社：エイベックス　レーベル：カッティング・エッジ　リリース日：2005 / 2 / 16, 2004 / 9 / 29, 2005 / 1 / 19

2004年に発売された「万華鏡」および2005年1月に発売された「限りある響き」という2枚のマキシシングル、そして2005年2月に発売されたアルバム「The First Quarter」は一貫したイメージでCDジャケット、ツールが制作された。「月」をテーマに兎モチーフが効果的に使われている。

A：ground　CD：益子剛, 小島辰弥　AD, D：野尻大作　PH：田中和子　DF：ground　S：ground

# BoA | BoA ARENA TOUR 2005 -BEST OF SOUL-

**DATA** レコード会社：エイベックス　ツアー開催期間：2005 / 4 / 7～2005 / 4 / 23

BoAが2005年に行ったアリーナツアーのグッズ。タイトルロゴから始まるグラフィック全体が一つのコンセプトで統一されている。Tシャツやキャップなどのグッズも、すべて直方体の箱にパッケージングされ、持ち帰って棚に飾れるところまでをイメージ。ケースを引き出すと商品が見え、裏面にはBoA本人がグッズを身につけたモデルとして登場。ツアータイトルにちなんだ「O」が効果的なアイコンとして使われている。

A, DF：ground　AD, D：野尻大作　D：戸崎正浩　PH：石坂直樹　Stylist：小川恭平　S：ground

BoA ARENA TOUR 2005
BEST OF SOUL
2OO5O4O2・-FUKUOKA"MARINE MESSE FUKUOKA/2OO5O4O7
・-TOKYO"YOYOGI NATIONAL STADIUM 1st GYMNASIUM・
2OO5O4O9・-TOKYO-2nd"YOYOGI NATIONAL STADIUM 1st
GYMNASIUM/2OO5O41O・-TOKYO-3rd"YOYOGI NATIONAL
STADIUM 1st GYMNASIUM・/2OO5O416・-OSAKA"OSAKA-JO
HALL/2OO5O417・-OSAKA-2nd"OSAKA-JO HALL/2OO5O423・
-AICHI"NAGOYA SPORTS COMPLEX RAINBOW HALL/2OO5
O424・-AICHI-2nd"NAGOYA SPORTS COMPLEX RAINBOW HALL

ツアーパンフレット

# Speena ｜ つづれおり ｜

**DATA** レコード会社：エイベックス　レーベル：カッティング・エッジ　リリース日：2003 / 8 / 13

歌詞のイメージから、赤い電車が走る田園風景をジオラマで再現。ノスタルジックな中にも、ガーリッシュバンドらしい毒々しさを効かせた。(Glanz)

AD：大溝 裕　D：赤松幸子　PH：大沼茂一　S：Glanz

ポスター

ポスター

# monkey majik

**DATA** レコード会社：エイベックス　レーベル：binyl records　リリース日：2006 / 1 / 18, 2006 / 2 / 22

ファーストシングル「fly」とセカンドシングル「Around the World」。この2枚のジャケットグラフィックはひとつのグラフィックであり、つながっている。それは、過去から現在までの時間のつながりを大切にしているという意味を持ち、今後もつながり続ける。(artless Inc)

P：Hiroki Hasegawa (binyl records)　　AD, D, PH：Shun Kawakami (artless Inc)　　A&R：Shugen Takeuchi (binyl records)　　DF：artless Inc　　S：artless Inc

ポスター

コースター

ポスター

# 一青窈 ｜「&」/ 指切り｜

**DATA** レコード会社：コロムビアミュージックエンタテインメント　レーベル：M☆Hits　リリース日：2005 / 12 / 21

一青窈さんの中にあった "ワンダーランド" というイメージを膨らませて、屋根のない、外につながる「不思議の国の部屋の中」をイメージしました。（Enlightenment）

AD, D：Enlightenment　S：Enlightenment

ポスター

初回限定盤

ポスター

# 一青窈 │ Yo&U TOUR 2006 │

**DATA** レコード会社：コロムビアミュージックエンタテインメント　ツアー開催期間：2006 / 2 / 5～2006 / 4 / 26

幅広いファンの方が訪れるコンサートツアーグッズということで、老若男女を問わず手にとってもらえるように仕上げた。(浜田武士)

AD：浜田武士　PH：新津保 建秀 (KiKi inc.)　Stylist：小川恭平　Hair Make：池田慎二 (mod's hair)　S：T-PRODUCTS

ツアーパンフレット

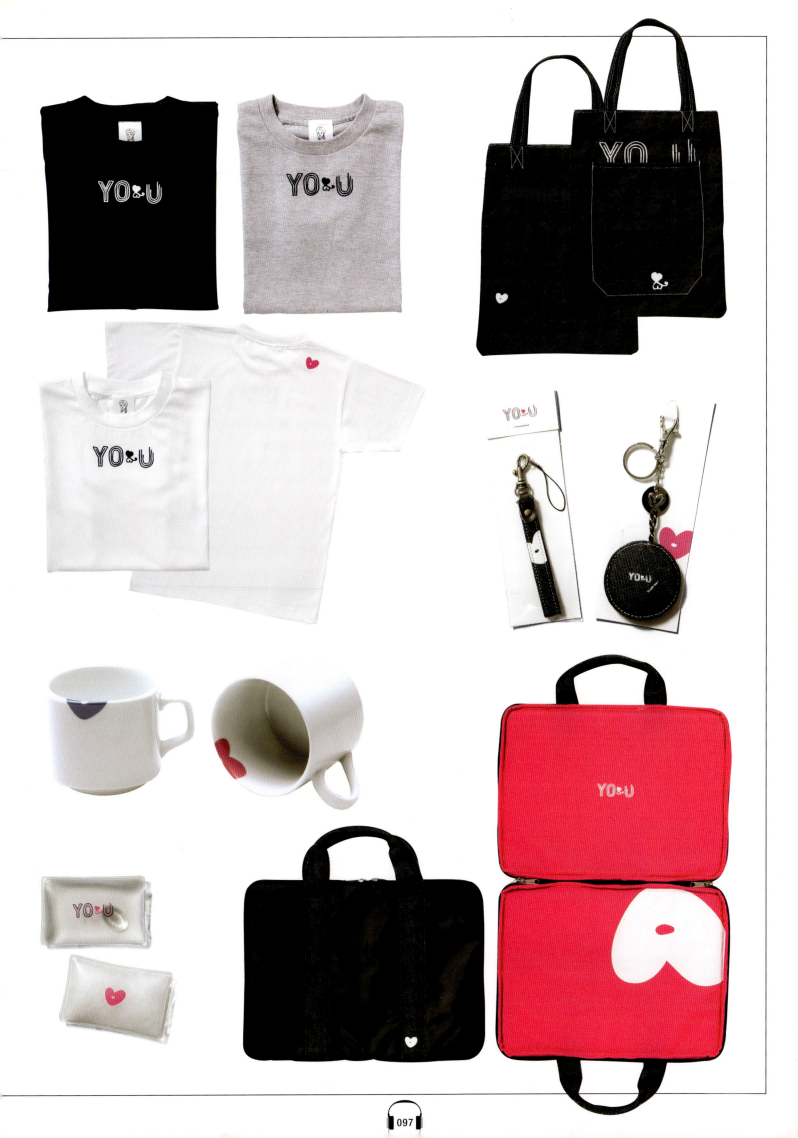

# 木村カエラ │ Circle / ライブツアー 2006 "Circle" │

**DATA** レコード会社：コロムビアミュージックエンタテインメント　リリース日：2006 / 3 / 8　ツアー開催期間：2006 / 4 / 2〜2006 / 4 / 23

木村カエラ2枚目となるフルアルバムと、発売に合わせて行なわれたライブツアーのグッズ。TシャツやベースボールTシャツ、エコバッグ、タオル、ガムテープ、ミニ缶バッジ、マグカップ、リストバンドなどさまざまなグッズが制作されている。

AD, D-a：いのうえよしひろ, yukinko（Giottographica）　PH：野村浩司　DF：Giottographica　S：Giottographica, コロムビアミュージックエンタテインメント

a

a　ポスター

# 木村カエラ

**DATA** レコード会社：コロムビアミュージックエンタテインメント

カラフルで楽しいムードを伝える木村カエラのアルバム、シングルコレクション。抽選で当選者のみに送付される限定フォトブック（You）や販促用Tシャツ（BEAT）などさまざまな展開を行なっている。シングル「You」でアーティスト本人がかぶっている"カブリモノ"は手作りの1点モノとか。

AD, D：いのうえよしひろ, yukinko（Giottographica）　PH-a：米田樹央　PH-b：MOTOKO（mili）　PH-c：野村浩司　I-d：yukinko（Giottographica）　S：Giottographica

a

ポスター

b

ポスター

c

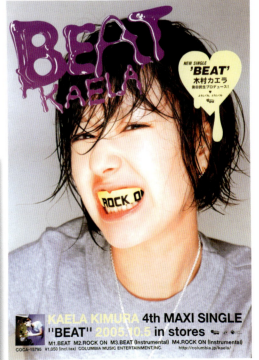

ポスター

フォトブック

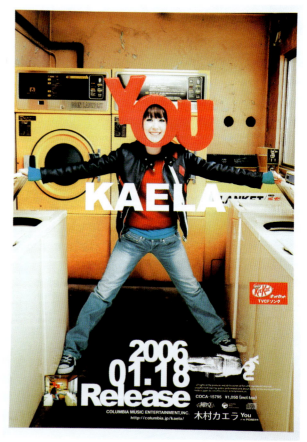

ポスター

# 忌野清志郎 │ ROMANCE GRAY 35 KIYOSHIRO IMAWANO （パルコ劇場限定Tシャツ） │

**DATA** レコード会社：ユニバーサルミュージック / ツアー開催期間：2005 / 3 / 2～2005 / 3 / 5

アーティスト本人をモチーフにしたイラストが特徴的なTシャツは、忌野清志郎氏のデビュー30周年を記念したライブツアーから、東京・渋谷にあるパルコ劇場限定で販売されたもの。カラフルな多色展開で、アーティスト本人の雰囲気を伝えている。

A：POPROCK COMPaNY　CD：亀村一明　D：いのうえよしひろ, yukinko（Giottographica）　I：yukinko（Giottographica）　DF：Giottographica　S：Giottographica

# スピッツ ｜ スーベニア / JAMBOREE TOUR "あまったれ2005" ｜

**DATA** レコード会社：ユニバーサルミュージック ユニバーサル J　レーベル：Polydor Records　リリース日：2005 / 1 / 12　ツアー開催期間：2005 1 / 28〜2005 / 12 / 28

スピッツのヴォーカルである草野マサムネ君から出たアイデア "亀に乗った女の子" を元に、写真を撮ってそれをイラスト化した。(Central67／木村 豊)

AD, D：木村 豊（Central67）　PH-a, b：奥口 睦　S：Central67

a
©UNIVERSAL MUSIC

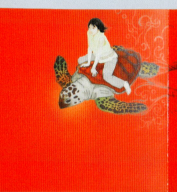

b　ツアーパンフレット

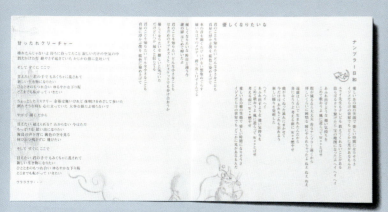

ポスター

# 福山雅治 ｜ 東京 ｜

**DATA** レコード会社：ユニバーサルミュージック　ユニバーサルJ　リリース日：2005 / 8 / 17

「東京」というタイトルを縦組・シンメトリーとしたロゴを制作。さらに福山雅治さんの顔もシンメトリー構成とすることで、何か気になるデザインにしました。(Daily Fresh)

CD：グーフィ森、大西智恵（mili）　AD：秋山具義（Daily Fresh）　D：加藤博明, 永楽雅也（Daily Fresh）　PH：MOTOKO（mili）　DF：Daily Fresh　S：Daily Fresh

初回限定盤

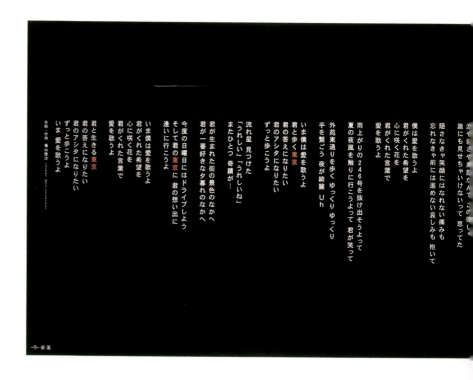

東京

わたしは風になる

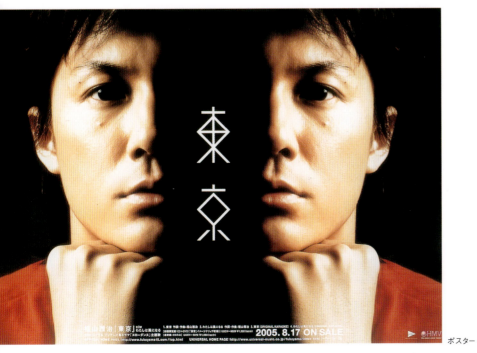

2005.8.17 ON SALE

ポスター

# 森山直太郎 │ 新たなる香辛料を求めて / スターツアー2004『地球はたぶん球体じゃない』│

**DATA** レコード会社：ユニバーサルミュージック　ツアー開催期間：2004／6／3～2004／7／29

パンフレットには森山直太朗氏自作の詩も本人の筆跡のまま掲載。イラストレーター山崎正夫氏によるリアルなイラストがポイントになっている。

AD, D：groovisions　PH-a：増田好郎　I-b：山崎正夫　S：groovisions

a

b　ツアーパンフレット

ポスター

# 小谷美紗子

**DATA** レコード会社, レーベル：HIPLAND MUSIC　リリース日：2006 / 5 / 17, 2006 / 3 / 22

アーティストの雰囲気を伝える優しいイラストはGiottographicaのイラストレーター兼デザイナーのyukinkoによるもの。シングル、アルバムともにイラストを手がけることで異なるモチーフでも統一感がある。

AD, D, I：yukinko（Giottographica）　DF：Giottographica　S：Giottographica

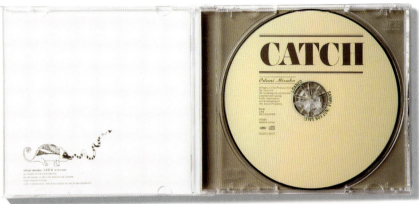

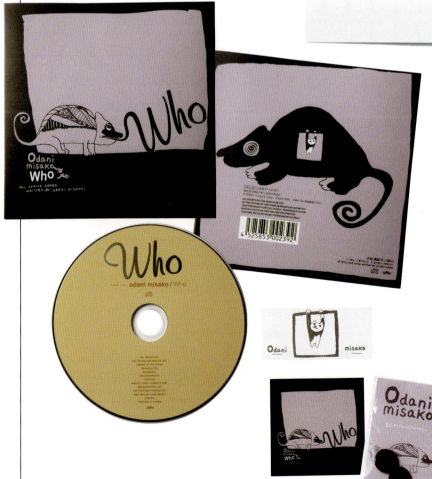

ポスター

# Dreams Come True | LOVE OVERFLOWS～ASIAN EDITION～

**DATA** レコード会社：DCT entertainment　レーベル：DCT Records　リリース日：2004 / 3 / 3

究極に極められた音楽の世界を表わしたくて、伝統工芸のような繊細なイラストを使用。ケースのトレー部にも超光沢の塗装を施した。(antenna graphic base)

AD：鷲見陽　D：AKIRA SUMI, CHIHIRO SAWADA（antenna graphic base）　PH：HIROSHI NOMURA　I：AKIRA SUMI（antenna graphic base）　DF：antenna graphic base　S：antenna graphic base

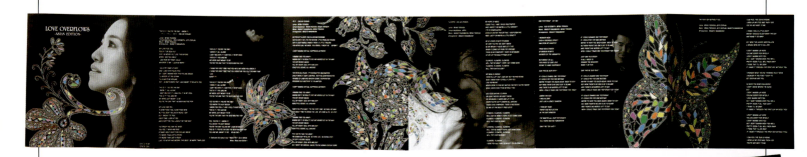

**DATA** レコード会社：DCT entertainment　レーベル：DCT Records　リリース日：2005 / 7 / 27　ツアー開催期間：2005 / 1 / 15～2005 / 4 / 27

スパイ映画の主人公のような二人を演出。ファッション性とアーティストのクオリティ、人間性を表現。（antenna graphic base）

AD：鷲見 陽　D：AKIRA SUMI, CHIHIRO SAWADA（antenna graphic base）　PH-a：KEIBUN MIYAMOTO　PH-b：MARI SARAI　DF：antenna graphic base　S：antenna graphic base

a

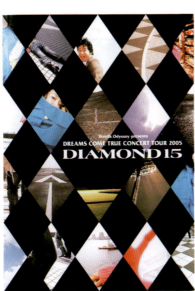

b　ツアーパンフレット

# 吉田美和 │ beauty and harmony 2 │

**DATA** ┃ レコード会社：DCT entertainment　レーベル：DCT Records　リリース日：2003 / 5 / 6

アーティストの才能を詰め込んだ宝石箱のようなケースを制作。多面的で透明感があるイメージにしたかった。(antenna graphic base)

AD：鷲見 陽　D：AKIRA SUMI, KENICHI TSURUOKA (antenna graphic base)　PH：ROSEMARY (OTA OFFICE)　DF：antenna graphic base　S：antenna graphic base

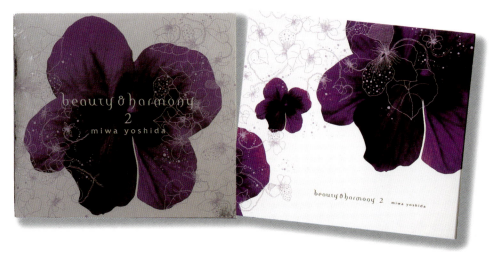

ポスター

初回限定盤

# 毛皮族 ｜ すりガラスの20代 ｜

**DATA** レーベル：サーティース　リリース日：2005 / 11 / 25

「の」のタイポグラフィーをこのCDのビジュアルアイコンに設定して、様々なメディアに展開した。（博報堂／佐野研二郎）

CD：江本純子　AD：佐野研二郎　D：榮 良太　S：佐野研二郎

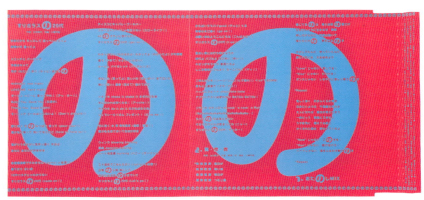

ポスター

ポスター

# 曽我部恵一BAND ｜ LIVE ｜

**DATA** ｜ レコード会社：ROSE RECORDS　リリース日：2005 / 12 / 14

ジャケットを作る際にいつも思うのは、古びないコト。20年後に手にとっても、ダサイとは思われないものを作る。これは、ゲンズブールとか古いシャンソンのレコードのようなイメージ。それだけだとカタイ気がして、歌詞カードは、グランジ、オルタナ感ばりばりの、ふざけた感じのギャップで遊んだ。曽我部恵一氏のように幅広い音楽性がある人だと、いかようにもイメージを広げていける。( STUDIO ZEBRA／古賀鈴鳴 )

AD, D, I：古賀鈴鳴（STUDIO ZEBRA）　PH：大橋 仁　S：古賀鈴鳴（STUDIO ZEBRA）

ポスター

# フジファブリック │ 茜色の夕日 │

**DATA** レコード会社：東芝EMI　リリース日：2005 / 9 / 7

メンバーである、志村正彦氏のアイデアにより高円寺の歩道橋での撮影を実施。それだけでは面白味に欠けるということから、メンバー全員に歩道を歩いてもらった。さりげなくビートルズ「アビーロード」のパロディになっていることも伺える。（Central67／木村 豊）

AD：木村 豊（Central67）, 柴宮夏希（nemo graph.）　PH：中野敬久　S：東芝EMI

チラシ

# フジファブリック ｜ 虹 ｜

DATA　レコード会社：東芝EMI　リリース日：2005 / 6 / 1

タイトルと歌詞の中に出てくるグライダーから、虹の羽（翼）をイメージして撮影しました。（Central67／木村 豊）

AD：木村 豊（Central67）、柴宮夏希（nemo graph.）　PH：中野敬久　S：東芝EMI

チラシ

フリーペーパー

# フジファブリック｜FAB FOX / MONONOKE JACARANDA TOUR｜

**DATA** レコード会社：東芝EMI　リリース日：2005 / 11 / 9　ツアー開催期間：2005 / 11 / 9〜2006 / 1 / 23

動物の顔をメンバーの顔に置き換えるアイデアをメンバーが気に入って撮影、合成しました。（Central67／木村 豊）

AD：木村 豊（Central67）、柴宮夏希（nemo graph.）　PH：中野敬久　S：東芝EMI, Hit & Run

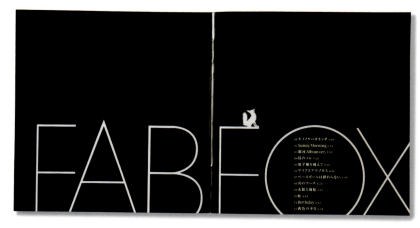

フリーペーパー

チラシ

# 東京事変 ｜ 大人（Adult）/ "Domestic!"JUST CAN'T HELP IT. ｜

**DATA** レコード会社：東芝EMI　レーベル：Virgin Records　リリース日：2006 / 1 / 25　ツアー開催期間：2006 / 4 / 7〜2006 / 5 / 30

大人（Adult）というタイトルだったので、できる限りアダルトなイメージでデザインしました。（Central67／木村 豊）

AD, D：木村 豊（Central67）　PH-a：内田将二　PH-b：腰塚光晃（MORE VISION tokyo）　S：Central67

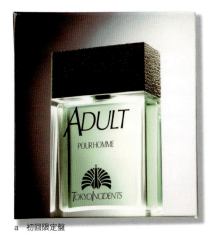

a　初回限定盤

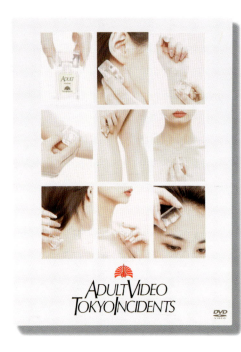

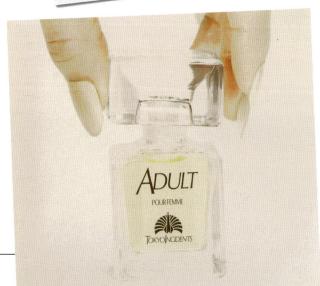

b
ツアーパンフレット

# GLAY │ GLAY CONCERT TOUR 2004 X-RATED │

**DATA** │ レコード会社：東芝EMI　ツアー開催期間：2004 / 2 / 21～2004 / 3 / 22

GLAYのメンバー4人から感じられる、パワーがみなぎっていて勢いのある印象を"4つの爆発"として捉え、シンボルマークで表現。このシンボルマークをベースに、Tシャツ、タオル、マフラー、ビニールバッグ、ステッカーなどに展開・デザインしました。(THROUGH.)

AD, D：THROUGH.　S：THROUGH.

# ウルフルズ | YOU / ULFULS 2006 TOUR YOU |

**DATA** | レコード会社：東芝EMI　リリース日：2006 / 3 / 8　ツアー開催期間：2006 / 4 / 28～7 / 17

テーマはずばり「愛」。オリジナルアルバム10枚目となる「YOU」は、ウルフルズ初の全曲ラブソングアルバムとなっている。湿っぽいラブソングというよりは、ウルフルズらしい爽快ラブソングが主となっていることから、幸せの代表カラー「黄色」を基調に温かみのある豪快な「愛」を表現した。（タイスケ）

CD：Team Ulfuls　AD：伊丹友広、大野美奈　PH：小木曽威夫　S：タイスケ

ツアーパンフレット

# 175R | 175R LIVE TOUR 2006 7-SEVEN- |

**DATA** レコード会社：ユーエムイー、東芝EMI　リリース日：2006 / 2 / 22　ツアー開催期間：2006 / 4 / 16〜

メジャー3枚目となるアルバムのアートワークと、それを引っさげての2006年4月から行なわれたライブツアー用グッズ。CDジャケットは結成7周年の作品という意味でモチーフに「7」とアルバムにいろんなタイプの収録曲があるということを、ジグソーパズルで表わしたデザインが楽しい。ツアーグッズは特徴的なイラストをフィーチャー。

AD, D：いのうえよしひろ, yukinko（Giottographica）　PH：いのうえよしひろ（Giottographica）, 175R　I：yukinko（Giottographica）　DF：Giottographica　S：UME, TOSHIBA EMI

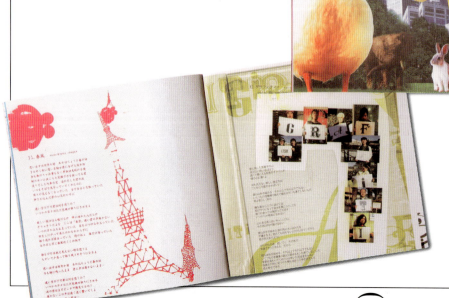

# AIR │ The Bread Of Life │

**DATA** レコード会社：Roots　リリース日：2006 / 2 / 4

「The Bread Of Life」。まさに「人生においてのパン」のように彼（AIR）にとって音楽は人生の「食物」であり、僕にとってデザインは人生の「空気（AIR）」である。その両者の想いを重ねてみようというコンセプトは、スタートでありゴールでもある。(TLGF)

AD, D：raw deluxe@tlgf　DF：TLGF　S：TLGF

ポスター

# FUNKY MONKEY BABYS

**DATA** レコード会社：DREAMUSIC

毎回、楽曲をテーマにタレントを起用。表1のインパクトと中面の真面目でメッセージ性のあるアプローチとのギャップは、そのまま彼らの音楽性とも重なるように意識している。また、プロモーション盤と通常盤で時空を変えることで展開に深みをつけ、見た人にストーリーを想像してもらえるようにしている。さらに、メンバーをキャラクター化することでターゲット層に、より楽しんでもらえるアーティストとして確立させている。
（ASYL CRACK）

AD, D：山本智恵子（ASYL CRACK）　PH-a：平間 至　PH-b：新津保建秀　I：寄藤文平　S：ASYL CRACK

 a　プロモーション盤

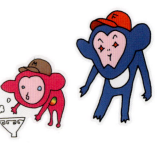

チラシ

b　プロモーション盤

チラシ

# bonobos | GOLDEN DAYS |

**DATA** レコード会社：DREAMUSIC　レーベル：Teenage Symphony　リリース日：2005 / 11 / 23

タイトルが「GOLDEN DAYS」ということで、写真のコンセプトとしては一日の朝から夜までの自然の風景の移り変わり、しかも色々な場所における移り変わりというものを試みた。このようなことから、CDの盤も黄金！　カバー写真には、「優しい重力」という曲をうけて、不思議な雲の写真をセレクト。メンバーがそこから一日の移り変わりを移動し、夜の宇宙に辿り着くという物語を妄想。文字には重力とDUB感、ロゴについては、自然現象である稲妻をモチーフに KL5氏に制作を依頼しました。(梅川良満)

AD, PH：梅川良満　D：楡原克敏(KL5)　S：DREAMUSIC, タイスケ

# bonobos │ electlyric / 電詩行脚ツアー │

**DATA** レコード会社：DREAMUSIC　レーベル：Teenage Symphony　リリース日：2005 / 6 / 1　ツアー開催期間：2005 / 6〜7

両手に収まるくらいの小さな宇宙……そんな感じのキーワードを吉祥寺の居酒屋でメンバーからもらった。酔っぱらって帰宅し、ベッドの中で連想ゲームを繰り返し、ボンヤリ思い描いたものは、全てが正五角形で構成されている透明の正十二面体……12面のサイコロだった。五角形を5人のメンバーに、十二面体を彼らの12ヶ月の日常のリズムに、それが手の中でコロコロと転がるイメージをデザインの出発点にした。撮影した幾つかの写真から、2ndアルバムという事で『2』のズーム・アップを採用。そこから抽象的な色と形に辿り着いたのは、彼らの作る透明な音に対して具体的なイメージは要らないのではないだろうか、と判断したから。（井口弘史）

AD, D：井口弘史　　PH：梅川良満　　S：DREAMUSIC, タイスケ

# bonobos ｜ あ、うん ｜

**DATA** レコード会社：DREAMUSIC　レーベル：Teenage Symphony　リリース日：2006 / 5 / 24

先行シングル『Beautiful』、本アルバムともに大きなテーマは「ロケによりバンドの自然な姿を捉える」「記念写真のラフさと構築された画面の両立」「必然性のある紙ジャケをつくる」。撮影はロケハン無しで半日で敢行。写真の仕上がり優先でジャケット用、ブックレット用に振り分けた。三面観音開きのデジパック全面に激選写真を並べ、ミニ写真集のようなファンサービスも意識した。○と●はタイトル『あ、うん』を象徴する図像としてバンドからのアイデアを採用。ジャケ、ブックレット、背表紙、盤面全てに配置した。制作過程、パッケージともに生感と手触り感を重視し、バンドのキャラクターや一体感をブレなく伝えることを目標としました。（千原 航）

AD, D：千原 航　PH：梅川良満　Stylist：梶 雄太　Hair&Make：波多野早苗　S：DREAMUSIC

# ゲントウキ

**DATA** レコード会社：DREAMUSIC　レーベル：Teenage Symphony

最初のシングルでモデルの女の子を使って撮影を行ったことが評判だったこともあり、アルバムまでシリーズ化しました。（Central67／木村 豊）

AD：木村 豊（Central67）　PH-a：内田将二　PH-b：山田祥平　PH-c：笹原清明　PH-d：野村浩司　Stylist：北澤寿志（KiKi,inc.）　Hair & Make-a, c, d：沓掛倫雄　Hair & Make -b：島 徹郎（juice）　Model：伊吹ひかり（Tambourine Artist）

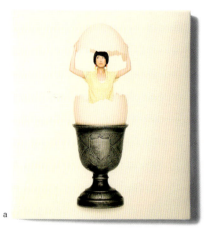

a

b

c

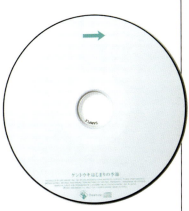

d

# ゆず ｜ リボン / ゆず体育館ツアー2006 リボン ｜

**DATA** レーベル：セーニャ・アンド・カンパニー　リリース日：2006 / 1 / 18　ツアー開催期間：2006 / 1 / 21〜2006 / 5 / 28

「人と人をつなぐ」「過去と現在と未来をつなぐ」……そんないろいろなつながりを表現するにふさわしい「リボン」というタイトルをそのままモチーフに使い、ストレートに表現してみた。それ以上でもそれ以下でもない、そのままの「リボン」。(TLGF)

AD：河原 光（TLGF）　D-a：奥井奈苗（TLGF）　D-b：浅見啓介, 奥井奈苗（TLGF）　PH-a：三宅勝士（D-CORD）　PH-b：木村篤志　Photo Mix-a：南 英樹（TRIGON GRAPHICS SERVICE）　DF：TLGF　S：TLGF

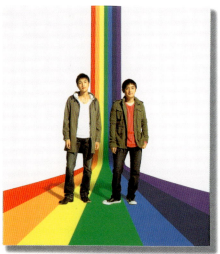

a
初回限定盤

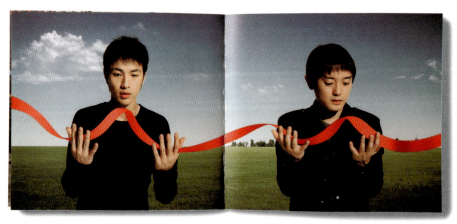

# YUZU
## Arena Tour 2006
## "RIBBON"
## Official Pamphlet #01+#02

#01:All days lead to our own Live performance
#02:All conversations to lead to our own answer

featuring;
Yujin Kitagawa and Koji Iwasawa

presented by SENHA&Co
designed by tlgf

Hi-Fi Official Goods with Love & Peace

**"All Ribbons Lead to Our Own Future..."**

ツアーパンフレット

b

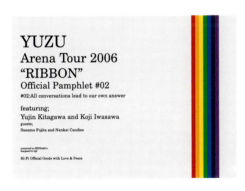

# ゆず｜1～ONE～ / ゆず体育館ツアー2004 1～ONE～

**DATA** レーベル：セーニャ・アンド・カンパニー　リリース日：2004 / 9 / 15　ツアー開催期間：2004 / 10 / 9～2004 / 11 / 17

「ナンバーワンではなくオンリーワン」。そんなキーワードをもらってのデザインコンセプトは「無理しないで自分にできること」。「自分が信じること」「自分が好きなこと」……それらをゆずに当てはめて表現してみた。（TLGF）

A：セーニャ・アンド・カンパニー　AD：河原光（TLGF）　D：竹本郁（TLGF）　Artworks-a：村上隆（TLGF）　PH-b：渋谷征司（FEMME）　PH-c：三宅勝士（D-CORD）　DF：TLGF　S：TLGF

a

b

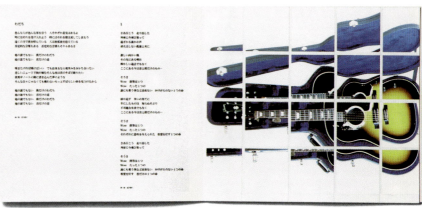

a

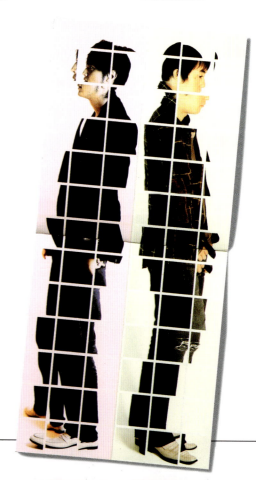

1 and 1

YUZU ARENA TOUR 2004 "1-ONE-" OFFICIAL PAMPHLET

a photography and visual book
including interview with yuzu

c　ツアーパンフレット

a

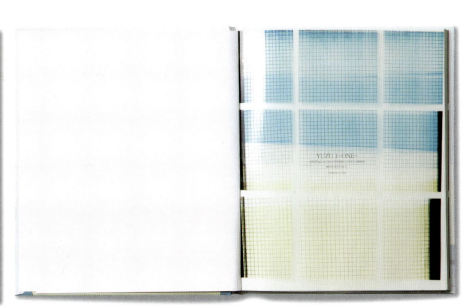

# KREVA ｜ 愛・自分博 / KREVA TOUR 2006 愛・自分博〜国民的行事〜 ｜

**DATA** レコード会社：ポニーキャニオン　レーベル：Knife Edge　リリース日：2006 / 2 / 1　ツアー開催期間：2006 / 3 /20〜4 / 28

アルバムタイトル「愛・自分博」からKREVA が導き出した「緑のハート」というアイデアをモチーフに、博覧会をイメージしたデザイン。収録楽曲をそれぞれパビリオンに見立てることでブックレットを架空の博覧会「愛・自分博」のガイドブックになるように展開。ピクトグラムの入ったサイン・コンパニオン・スタンプなど、全体を通して「見て　保有して　楽しめる」ブックレットにすることを常に意識して作成した。「KREVA TOUR 2006 愛・自分博〜国民的行事〜」のツアー会場、ライブ内容、ツアーGOODSに至るまで、まるごと含めて博覧会。パビリオン毎にイメージが繰り広げられていくようなワクワク感のある雰囲気と、緑のハートの不思議な愛着感の涌くデザインが好評。（ポニーキャニオン）

AD-a, Logo Design-b：Yasuhiro Shirahata（npc）　AD-a, D-b：curly_mad's（elements）　PH-a：筒井義昭　Stylist-a：藤本大輔　Hair & Make-a：結城 藍　Creative Coordinator：木下由浩　制作-b：Masayuki Yamamoto（Sony Music Communications Inc.）　S：ポニーキャニオン

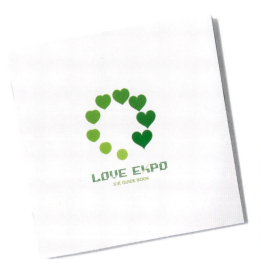

b

ポスター

# 椿屋四重奏 │ 幻惑 │

**DATA** レーベル：DAIZAWA RECORDS / UK PROJECT　リリース日：2006 / 6 / 7

設定は昭和40年代頃。主人公となる少女の年代を中学3年くらいに想定。その少女が狂った目つきで団地の階段から顔をだして下を向き、口からヨダレをたらしている風景をイメージした。イラストだけでは、ジャケットを見たリスナーが暗い部分しか感じ取らないので、制作時期が桜の季節だったこともあり、桃色を採用。イラストとマテリアルを合成する事によりこの少女のドロドロとした内面を表現した。仕上がりはUVシルクで少女の実像を浮き出し、少し複雑になった中から少女の輪郭が分かる様にした。（UKプロジェクト）

AD：Masaaki Fukushi　D：Natsuko Kawai　S：UK PROJECT

ポスター

チラシ

# 銀杏BOYZ

**DATA** レーベル：初恋妄℃学園 / UK PROJECT

苦しまぎれ。ポップ。純文学。マーク・ゴンザレス。(UK PROJECT)

D-a, b：峯田和伸, 増川祐次 (UK PROJECT)　I, PH-a, D-a：箕浦建太郎　I-b：江口寿史　PH-b：村井 香

a

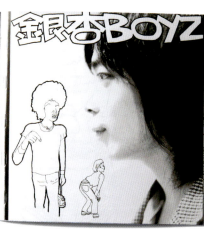

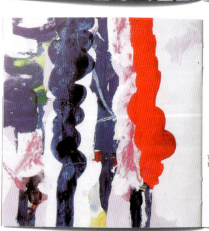

# ZAZEN BOYS

**DATA**　レーベル：MATSURI STUDIO

【CDジャケット】「ZAZEN BOYS I」へたくそグラフィティー、「ZAZEN BOYS II」すごいグラフィティー、「ZAZEN BOYS III」スミ文字を三次元化した近未来SF。"進化する、進行する、そして変化を伴う"がコンセプト。「ZAZEN BOYS I」制作時点で考えられていた。【ライブ会場限定販売盤】ライブ終了後、素早いレスポンスで音源化し販売、これがこの音源の主たる目的。デザインに関しても「あれこれ考える時間は無い、パッと作って出した」という事務的なパッケージにすることが狙い。【Tシャツ】オシャレなどということを考えて作らず、ダイナミックなイメージを使うことだけに集中。着ることに躊躇さえ覚える程の物を作る。しかし、オシャレなものにもトライするポジティブさはある。（MATSURI STUDIO）

D：向井秀徳, 三栖一明（eyepop）　S：MATSURI STUDIO

雑誌広告

金属少女が跳ぶ夜、俺は振動。開戦前夜のこのカンジ。ずーっと続くこの具合のよいテンション。冷静、たがなにかを燃やし続けている。他にどこにもない俺等のエキセントリックロックミュージックを諸君のLとRの耳の穴にブチこんで脳を電気ビリビリいわしてくれ。
向井秀徳

ポスター

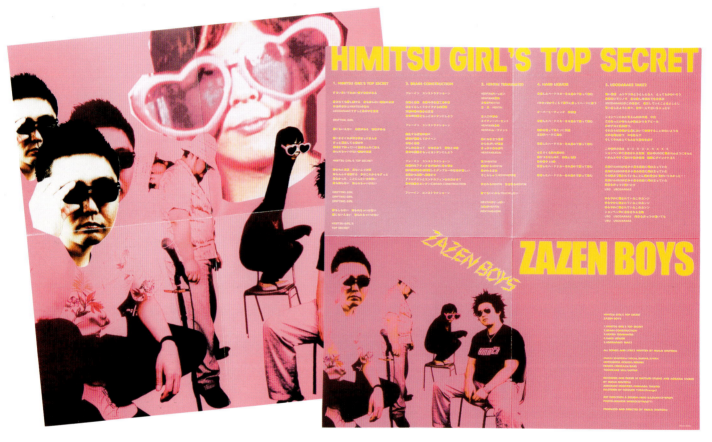

ライブ会場限定販売盤

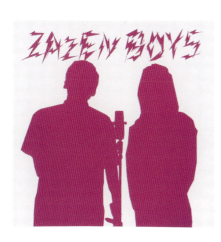

ライブ会場限定販売盤

ZAZEN BOYS
MATSURI SESSION
2・26  2004  TOKYO

ZAZEN BOYS
MATSURI SESSION
LIVE AT YAON

ZAZEN BOYS
MATSURI SESSION
12・27  2005  TOKYO

## 取材協力社

**あ** artless             http://www.artless.gr.jp
eyepop             http://www.eyepop.jp
アジール・クラック             crack@asyl.co.jp
antenna graphic base             http://www009.upp.so-net.ne.jp/antenna/
エヌ・ダブル・ピー             http://www.nwp.co.jp/
エピックレコードジャパン             http://www.epicrecords.jp/
エレメンツ             http://www.kreva.biz
Enlightenment             http://www.elm-art.com/
オフィスオーガスタ             http://www.office-augusta.com/

**か** Ki/oon Records             http://www.kioon.com/
ground
グラスホッパー
Glanz             http://www.glanz-web.com/
groovisions             http://www.groovisions.com/
コロムビアミュージックエンタテインメント             http://columbia.jp/

**さ** 佐野研二郎（博報堂）
Giottographica             contact@giottographica.com
STUDIO ZEBRA             http://www.suzucafe.com
THROUGH.
セーニャ・アンド・カンパニー             http://www.senha.jp
スペクトラムマネージメント             http://www.spectrum-jp.com
Central67

**た** タイスケ             http://www.taisuke.co.jp/
ダブルジョイレコーズ             http://www.djr69.com/
T-PRODUCTS             http://www.hitotoyo.ne.jp/
デイリーフレッシュ             http://www.d-fresh.com/main.html
トゥーナインフォー
東芝EMI             http://www.toshiba-emi.co.jp/
ドリーミュージック             http://www.dreamusic.co.jp/

# ミュージックグラフィックス
## Music Graphics

**Jacket Design**
**Art Director**
佐野研二郎(株式会社博報堂)　Kenjiro Sano(HAKUHODO Inc.)
**Designer**
原野賢太郎(株式会社博報堂)　Kentaro Harano(HAKUHODO Inc.)
**Headphones**
ナイコム株式会社　KNICOM CORPORATION【SR325i】

**Designer**
山本義明(g.f.d)　Yoshiaki Yamamoto(gold fish design)

**Editor**
山本章子　Akiko Yamamoto
宮崎亜美　Ami Miyazaki

**Writer**
鈴木めぐみ　Megumi Suzuki
西村希美　Nozomi Nishimura

**Interview**
織原靖子　Yasuko Orihara

**Photographer**
奥山光洋(奥山写真事務所)　Mitsuhiro Okuyama(Okuyama Photo Office)

**Publisher**
三芳伸吾　Shingo Miyoshi

2006年8月4日　初版第1刷発行

PIE BOOKS
2-32-4, Minami-Otsuka,
Toshima-ku, Tokyo 170-0005 Japan

Tel: +81-3-5395-4811
Fax: +81-3-5395-4812
e-mail: editor@piebooks.com
　　　　sales@piebooks.com
http://www.piebooks.com

発行所　ピエ・ブックス
〒170-0005　東京都豊島区南大塚2-32-4
編集 Tel:03-5395-4820　Fax:03-5395-4821
　　　e-mail:editor@piebooks.com
営業 Tel:03-5395-4811　Fax:03-5395-4812
　　　e-mail:sales@piebooks.com
http://www.piebooks.com

印刷・製本　図書印刷株式会社